Better

Than

Carrots

or Sticks

Restorative Practices for
Positive Classroom
Management

积极课堂

如何更好地解决课堂纪律与学生的冲突

[美] 多米尼克 · 史密斯 Dominique Smith
道格拉斯 · 费舍 Douglas Fisher
南希 · 弗雷 Nancy Frey

中国青年出版社
CHINA YOUTH PRESS

图书在版编目(CIP)数据

积极课堂：如何更好地解决课堂纪律与学生的冲突 /
(美) 道格拉斯·费舍，(美)南希·弗雷，(美)多米尼克·史密斯著；杨洋译.
—北京：中国青年出版社，2019. 3
书名原文: Better Than Carrots or Sticks: Restorative Practices for Positive Classroom Management
ISBN 978-7-5153-5459-0
Ⅰ.①积… Ⅱ.①道… ②南… ③多… ④杨… Ⅲ.①课堂纪律—研究 Ⅳ.①G415
中国版本图书馆CIP数据核字（2018）第291510号

积极课堂：
如何更好地解决课堂纪律与学生的冲突

作　　者: 〔美〕多米尼克·史密斯　道格拉斯·费舍　南希·弗雷
译　　者: 杨　洋
责任编辑: 肖妩嫔　刘　吉
美术编辑: 杜雨萃
出　　版: 中国青年出版社
发　　行: 北京中青文文化传媒有限公司
电　　话: 010-65511270/65516873
公司网址: www.cyb.com.cn
购书网址: zqwts.tmall.com　www.diyijie.com
印　　刷: 大厂回族自治县益利印刷有限公司
版　　次: 2019年3月第1版
印　　次: 2019年3月第1次印刷
开　　本: 787×1092　1/16
字　　数: 110千字
印　　张: 11.5
京权图字: 01-2018-6249
书　　号: ISBN 978-7-5153-5459-0
定　　价: 38.00元

BETTER THAN CARROTS OR STICKS

目　录 / CONTENTS

1

CHAPTER

第一章

比胡萝卜和大棒更好的课堂管理

有效的学习环境包括两方面：关系和高质量教学。当学生在学校与成年人和其同龄人具有强有力的信任关系并且他们的课程有趣且具有相关性时，学生就很难会表现不好。

在一次专业发展会议的开始，我们的一位同事就在屏幕上打出了弗雷德里克·道格拉斯的一句话：

培养强壮的孩子比治愈有残缺的人要更加容易。

然后，她让聚集一堂的教师们写下自己对这句话的感想并进行了小组讨论，她听到的感想都是积极正面的并且在预料之中——很多教师谈论了学生家庭、学校气氛以及在校连贯性对于学习成绩的影响。

当讨论接近尾声时，这位同事分享了近几年来纪律方面的数据。数据显示，停课率和学生数量不成正比。在大多数停课案例中，最严重的过错被定义为违抗师长——一种非暴力行为，并且其定义宽泛而含糊。这并非一个不同寻常的发现：根据加州学校的一份停课报告，被停课的学生中有34%是因为违抗师长或扰乱课堂而得到惩戒。我们的行政同事计算了因为停课而失去的上课天数，并且提供了停课学生平均成绩与从未停过课的学生平均成绩的比较数据，然后她问老师们是在培养强壮的孩子还是在确保未来社区中有需要恢复的残缺的成年人。接下来30分钟的诚恳讨论激励了学校全体人员创造一种恢复性实践可以盛行的文化，经过多次学科会议和非正式交流之后，教师们自觉地分析并定义了教室实践和学校范围实践。

我们自己的经验是，虽然作为教育者的我们是出于好心，但我们总是基于过去的经验做出决策。毕竟，我们从5岁起，就开始了成为教师的潜在培训，我们对于学校、课堂管理和纪律的信念从幼儿园起经过了几十年的实践而形成。我们需要的是一个有效的课堂管理系统——一个在面临压力和冲突时我们仍然能够坚持的系统。

有效的课堂管理

“课堂管理”这一术语让人感到迷惑并且令人误解，这主要是因为其没有一个清晰并且获得广泛认可的定义。对于一些人来说，“课堂管理”是指对学生的总体控制；对于另一些人来说，“课堂管理”是指纪律程序；对于其他人来说，指的是惯例和规程。直到最近，我们都一直避免使用该术语，但是我们终于遇到了我们可以支持的一个定义：建立与学生之间的关系及教授社会技能和学习技能。对此，我们完全赞同。

表1.1　传统的管教方法对比恢复性的管教方法

传统方法	恢复性方法
▪ 违反了学校规定。 ▪ 正义关注点在于建立内疚。 ▪ 责任追究被定义为惩罚。 ▪ 正义指向了违规者；受害者被忽视。 ▪ 规定和目的重于结果。 ▪ 犯错者没有机会表示懊悔或做出补偿。	▪ 人及关系受到了侵犯。 ▪ 正义区分需求和义务。 ▪ 责任追究被定义为理解过错的影响并恢复伤害。 ▪ 犯错者、受害人及学校都直接参与纠错过程。 ▪ 犯错者对其行为负责，恢复其造成的伤害，努力获得积极结果。 ▪ 犯错者有机会表示懊悔或做出补偿。

有效的学习环境（并且延伸开来就是成功的课堂管理）包括两方面：关系（特别是对于保持健康关系必不可少的人际关系技能）和高质量教学。当学生在学校与成年人和其同龄人具有强有力的信任关系并且他们的课程有趣且具有相关性时，学生就很难会表现不好。我们并未期待一套有效的课堂管理系统能根除所有有问题的行为，正如我们不会期待一套新的标准在第一次尝试时就能突飞猛进地提高所有学生的分数。学生在学习和成长过程中难免会有表现不好的时候——重要的是我们如何回应他们的不当行为。我们认为，应该给学生机会从自己的错误中学习并且恢复自己与他们的关系，

我们的观点被称为恢复性的管教方法。表1.1是由旧金山联合学区开发设计的，该表格说明了恢复性的管教方法和传统的管教方法之间的不同之处。

鼓励各方进行反思对话

在现代模式中，恢复性实践活动是世界各地法庭和执法机构广泛使用的恢复性司法模式的衍生物。在恢复性司法模式中，受害者和犯错者在双方同意的前提下见面，这样一来，受害者能够发声，而犯错者能有机会做出补偿。重要的是，这种方法能使社区积极参与解决问题。整个世界各种文化主体采用恢复性司法模式在社区危机时刻来建立对立者之间的和平，确保赔偿并做出决策。

学校中的恢复性实践比法庭中的恢复性司法范围更广。司法从本质上来说是一种被动的反应，而恢复性实践还包括了预防性措施，这些措施旨在培养学生以及成人的技能和能力。

恢复性实践是建立在学生和成人之间的积极关系的基础之上的。简而言之，学生很难对关心他们及他们未来的成年人表现出反抗或无礼，健康且富有成效的师生关系有助于营造积极的学校氛围和学习环境。在恢复性方法中，当学生在学校的关系受到破坏时，要鼓励有关各方进行反思对话，帮助冒犯一方理解他们行为所引起的伤害，并且给冒犯一方提供补救机会。正如我们在书中会进一步描述，有一些方法可以建立关系并创造健康的学习社区。

围成圈 在恢复性实践活动中，教师可以让学生坐下来围成一圈来讨论课程相关话题（例如，在世界史课堂上讨论大屠杀和战争的后果）和非课程问题（例如，在重要的州考前夕，学生如何进行压力管理），从而在教室中提升家庭感。

通过个人会议来处理有问题的行为 在书中我们会进一步通过更多细节来探索这些重要会议的细节。但是，现在我们要知道，恢复性实践不是打发掉事情或是忽视已经造成的伤害。个人会议要求受害人、犯错者、冲突证人以及任何一个受其影响的人进行精心准备。在一些案例中，会议会涉及两个家庭或者双方监护人，他们意见不合：通常，犯错者的家庭会游说对方谅解，而受害者家庭则会要求惩治。为了确保会议顺利进行，在危机发生之前提前参与到家庭中是极其重要的。

犯罪司法体系 在很少一部分案例中，犯罪司法体系在学生管教的恢复性方法中起到了至关重要的作用。我们发现，与当地警方和青少年司法体系的紧密联系增强了我们在判刑青少年生活中起到积极作用的能力，让我们能够与家庭和法庭合作对学生生活产生积极影响。事实上，很多少年法庭系统遵循恢复性的司法方法，这种方法采用治疗性的干预而非惩罚性的干预。我们有幸曾与有经验的警察和青少年假释官一起工作，他们都曾接受过恢复性实践方面的正式培训。

● 教导而非惩罚

人们认为传统的学校纪律实践与学校的学术使命是相分离的，相反，恢复性实践则使两者紧密相连。在你的学校中，会具体指派一位行政人员来管理纪律问题吗？这可能是校长、副校长或者学生主任。在学校问一些学生："孩子们表现不好会去哪里？"如果你一直听到一个具体的人名——或者更糟的是，一个具体的事件（例如，"孩子们回家了，因为他们被停课了"）。那么你就知道你的学校正在使用传统的纪律方法，如果是这样，该是时候改变了。

在学校，非常普遍的现象是只有在出现纪律问题时教育者才去一个一个解决。这种方法使成年人疲惫不堪，使孩子们的技能发展受到限制。我们不会在获取阅读或者数学技能时碰运气，我们使用明确系统的直观教学来确保学习者的学术进展，那么我们为什么不同样去确保学生在社会和情绪方面的进展？在学校中，学生的社会和情绪发展经常表述不清楚——仅仅是一次集会和几节附加课程。传统的处理学生行为问题的工具——奖励和结果、羞愧和耻辱、停课和开除——与恢复性文化相冲突，不能得到持久的改变，更不用说有成效的学习环境了。

无效的奖励和后果

此时此刻你可能正在想：我已经准备好了一整篇的奖惩措施来管理行为。诚然，几乎每本课堂管理用书都会有一个部分专门讲述使用奖惩措施，但是有一个问题：奖惩方法不管用——或者至少，这些方法不能教会人。这些方法会产生短期改变，但是事实上，这些方法强化了服从而并无他用。

● 奖励

你可能在想："我不使用惩罚的方法，我的学生表现良好就能获得分数或者特权。"一些人认为当学生表现好时用冰激凌聚会或者电影日来收买学生远胜于当他们表现不好时进行责罚。实际上，奖惩是同一个问题的两方面：都是试图控制学生行为，而不是教会学生如何参与到有效的学习中，有形的奖赏实际上破坏了动机。奖励暗示人们，他们正在因为履行了令人不愉快的义务而得到补偿。重要的是，调查表明随着奖励的消失，好的行为也消失了。很多研究已经证实，奖赏常常使得人们对为了获得奖赏所必须要做的事情失去兴趣。这个原则适用于很多不同人群（不分性别、年龄和国籍）及各种任务和不同诱因（金钱、好成绩、食物和赞扬）。因为学生对自己正在做的事情失去了兴趣，经过一段时间，如果还想让他们做这件事情，提供给他们的奖励的数量或价值就必须增加。

- **后果**

我们为什么在学生表现不好时要惩罚他们？可能是因为我们自己是学生时受到过惩罚。在小学，学生表现不好受到的最普遍的惩罚是课间不能休息——讽刺的是，有证据显示定期的体育活动能够减少问题行为并提高学生成绩。另一个普遍的惩罚：把学生名字写在黑板上，在表现不好的学生名字上做标记。这种试图让学生公开对自己行为负责的做法能够使学生顺从，但也能够使他们感到气愤、受辱以及一些其他的负面情绪，这些情绪会起到关闭学习之门的作用。

事实上，以提升学生行为和学习之名而剥夺学生的一些东西会适得其反。你能想象如果我们试图提升教师行为而采取同样的做法吗？假使因为你在员工会议上聊天而让你必须下班后多待10分钟，能会怎么样？假使因为你的学生成绩交晚了就把你的名字在表格中标记出来，又会怎么样？思考一下这些行为会引发出你的哪些情绪——你就会意识到孩子们也能感受到这些情绪。

南希记得她第一年在小学执教的情形。她上了一门课堂管理课程，该课程是她教师预备项目的一部分，她还写了关于自己的授课理念论文，并且研究了各种不同的管理体系。例如，在她的教学实习课上，她观察到了一种“交通灯”课堂管理体系，在该体系中将学生的名字写在小纸条上，然后放进各种颜色的卡片纸袋中：绿色代表好的行为，黄色代表警告，红色代表需要改正的不当行为。当南希受聘于第一个教学岗位时，她采用了一种类似的做法：在衣夹上贴上学生名字，在一张标有从“优秀”到“办公室”的纸板上移动这些衣夹。然而，不久南希就明显地意识到整天移动衣夹浪费了很多本可以用于教学的时间。此外，这个衣夹系统一点儿也没有改变学生行为；事实上，孩子们对这个系统不感兴趣——并且，不久也会失去学习的兴趣。相反，南希似乎要处理更多的棘手行为。

她想，也许只是没有找到合适的系统。作为一名新教师，她获准花时间去观察其他教室中教学的教师。她决定参观一位经验丰富的幼儿园教师的课堂，她因其善良和温柔的性格而闻名全校。然而，南希发现这位老师的课堂管理系统与其名望不符。在一学年之初，她邀请学生们把自己最喜欢的毛绒玩具带到课堂上来。这些毛绒玩具都摆在一个架子上，每个玩具上面标着主人的名字。当学生们表现不好时，他们就要走到架子前把自己的毛绒玩具转过去脸朝着墙，学生们这样做之后脸上的表情呈现出伤心难过和愤怒。

第二天，南希从教室里取下了衣夹，撤掉了休息椅子。她领悟到她给出的“后果”实际上就是惩罚——惩罚并不能教会学生，只能使得教师和学生之间产生更大的距离。惩罚依赖于我们作为成人有能力利用不平等的权力关系来对待孩子们，惩罚通过提醒孩子们谁真正说了算来使他们保持自己的行为。受到惩罚的学生会提出很多原因说明为什么自己是受害者，并且会将自己的负面情绪指向做出惩罚的人。他们不会反思自己的行为或者做出修正，相反，他们会计划如何避免下次被发现。惩罚阻碍了孩子们共情的发展，这些孩子们学会了关注自己而不顾及对他人的影响。最麻烦的是，受到惩罚的孩子们从成人的例子中学到了使用权力他们就能得到自己想要的—— 一种与我们努力培养的社会和情绪幸福感完全相违背的概念。

- **一种不同的方法**

用了几年时间，南希终于开发并使用了新的应对学生行为问题的工具。她开始用更多的时间来建立并教授规则、设定预期、组织与学生的对话来加强师生关系并着重开发沟通技能，同时学习逐渐减少冲突性事件的新方法。最重要的是，她理解了（并且继续在了解）有问题的行为表明了学生缺乏恰当应对困难处境的技能。正如学生需要老师来教授他们语法和数学一样，他们需要我们来教授他们如何恰当应对各种事件。

那些习惯性被批评、被羞辱或者感到羞愧的孩子会将负面情绪藏在心底，这会妨碍他们的健康发展。相反，习惯了爱、支持和引导的孩子更有可能成为健康并富有成效的公民，在很多课堂上普遍存在的传统的结果和奖励纪律系统培养不出准备好学习的孩子。

让我们明确一下：我们不是说教师们应该完全杜绝奖励学生——只是奖励不应该取决于学生的行为，这种奖励在巧合强化的范畴内。而奖励学生，不管学生是否“值得”这个奖励，这是可以的。事实上，巧合强化事实上能够帮助预防问题行为：你有没有发现有时候幼儿园的老师在给全班大声朗读时会将最寻求关注的孩子放在大腿上？这是巧合强化的一个典型的例子，用来预先制止干扰。教师们在建立课堂文化和氛围时，通常会使用巧合强化。

- **让羞愧和丢脸失效**

在任何班级任何时刻，学生可能会不专心或注意力分散，需要重新参与到课堂中来。当30名学生或者更多的学生在同一个教室里时，秩序会不断地建立、打破和重建，不是教育者的人们会对老师有能力让几十个孩子成为一个团结的整体而感到惊叹。当课堂真正进行时，我们意识到，我们正带着我们的学生共有的紧迫感在教学。

当然，事情可能会出错——我们尝试重新指挥不专心的学生不奏效，或者学生拒绝服从我们明确的指令。作为人之常情，我们可能发现自己会讽刺或者说话语气变得更加严厉。对于一小部分教师来说，以这种方式进行回应很不幸地成了一种习惯，使得他们成为了“坏老师”，学生知道要避开他们以免受到冷遇。这些老师的学生经常会在操场围墙附近排成一排，他们因为表现不好而被扣掉了几分钟休息时间——这是一种公开的羞辱，让人想起了中世纪小镇广场上的示众。可能你把这样的老师当作同事——并且可能你不同意他们的方法但是觉得你没有权利说什么。不幸的是，一个老师的行为能给整个学校的氛围带来负面影响：使用羞愧和丢脸不仅仅有害，同时也具有极高的传播性，会以令人担忧的速度在整个年级或者整个部门传播。

需要明确的是，我们认为使用羞愧和丢脸作为工具的教师们并没有打算摧残学生的精神，我们只是认为他们错误地相信了传统思想，将惩罚作为了一种改变行为的有效手段。我们并没有在这里讨论必要的纠正性纪律，而是讨论专门为了使孩子们感到内疚、丢脸或者恐惧从而试图改变他们的行为的惩罚。

我们中的大多数人是受到这样惩罚的一方。例如，道格回忆他的一个高中老师有一次在全班同学面前告诉他，他这一辈子都只能在快餐店工作；当他表现出愤怒，老师就因此而惩罚了他。对于南希来说，她能想起因为没有把写完的活页练习放在窗台的正确位置上而被一年级时的老师打屁股。毫无疑问，这两个例子中的老师都认为他们在用惩罚来给我们帮忙——教会我们相伴终生的一课。几十年后，我们学到的唯一的一课是想起这些老师的课堂就想到愤怒与恐惧感。

由于展示给孩子们的这些例子，毫无意外，很多孩子学会了使用奖励和后果来自己解决问题——例如，通过霸凌。作为教育者，我们用了很多精力来教学生不去伤害同学。但是，当我们误用自己的权利试图这么做时，我们却给学生指出了一条与我们期待背道而驰的路。网络霸凌就是这样一条路，现在，在学生中越来越流行。尽管不受欢迎，但是网络暴力的迅速反响至少产生了一个积极结果：

让社会注意到霸凌——小时候从“后果”学到的行为，能够造成严重伤害，无论是以何种方式发生的。越来越少的教育者会把霸凌仅仅与童年时代的传统仪式联系在一起，或者作为性别特点而不予理会（“你知道女孩子们是怎样的”“男孩终归是男孩”）。受到霸凌行为的影响，家长和学生们要求教师在霸凌行为发生时要进行干预。我们作为教育者需要检查日常与学生的互动，并且要问问我们自己是否以纪律之名让一种霸凌行为发生了。

- **停课和开除不管用**

自从美国学校在20世纪90年代中期开始执行零容忍（ZT）政策以来，停课和开除比率增长迅速。这些政策由学校区禁枪法案发展而成，要求学区开除任何在校持有武器的学生。短期内，很多学区扩展了该政策，包含了各种非武器相关的暴力，包括持有或使用毒品和酒精、肢体冲突、破坏学校财产以及一个学年内多次发生暴力行为。现在，一些学校零容忍政策过错名单包括旷课、使用烟草以及一些被描述为“违抗”的行为。一位研究人员将零容忍政策的扩散描述为：将很多人认为的典型青春期行为犯罪化。虽然关注安全当然是值得赞赏的，但是零容忍政策的非预期效应——更高的辍学率和更低的学生成绩测试表现却不值得称颂。零容忍政策的另一个有问题的方面是其不成比例地影响了某些学生中人口学上的亚群体，黑人和美国土著孩子、有残疾的学生以及各种背景的男性在全国停课和开除数据中比例庞大（见表1.2）。如果你是一个有残疾的黑人或美国土著孩子，那么你被停课和开除的可能性极大——25%的男孩，20%的女孩。

如表1.2数据所示，甚至幼儿园的孩子也被学校停课。我们很难想象三四岁的孩子可能做出什么违规的事情以至于要使其脱离学习环境。很多有同情心的管理人员对委员会的政策表示出挫败感，这些政策要求他们给出如此严厉的惩罚；他们的专业培训教导他们要首先看孩子——用教导而非惩罚的方式做出回应。命令只进行惩罚的政策使教育者丧失了做出以孩子和家庭为中心的决定的能力。教师比任何人都理解学生每天上课是多么重要，当我们让学生停课或者开除学生时，我们削弱了自己鼓励出勤上课的努力。研究表明，

表1.2　美国教育部民权局2014年发布的停课和开除数据

- 黑人学生被停课和开除的可能性比白人学生高3倍。
- 有色人种女生（黑人、美国土著、阿拉斯加土著）有12%的比率被停课，与之相比白人女生比率为2%。
- 残疾学生占整个学龄人口的12%，但是占了被隔离学生的58%，以及被限制行动学生的75%。
- 黑人孩子占了幼儿园招生的18%，但是48%的幼儿园孩子受到过不止一次停课。相反，白人学生占幼儿园招生的43%，但是只有26%的幼儿园孩子受到过不止一次停课。
- 男孩占了幼儿园招生的54%，但是79%的幼儿园孩子被停课一次，82%的幼儿园孩子被停课多次。

低年级学生有规律的上课出勤是三年级和五年级阅读水平的一个很好的预测指标，并且学生九年级的出勤情况能够预测该生是否能够高中毕业。

当我们说到长期缺席（被定义为一学年中旷课比例超过10%），我们会有几次考虑到现行的纪律政策使问题更糟？根据斯奇巴的看法，95%的离校停课是因为非暴力的违反规定，例如长期迟到或者“故意违抗”。每个孩子和大人都有权利在校感到安全和有保障，但是因为稍有违抗就进行驱逐不利于任何相关人员，阻碍了学习并且危害学习氛围。

停课和开除的负面影响不仅限于直接受到处罚的学生，在大范围只使用纪律实践的调查中，佩里和毛瑞斯发现：在学校内长期仅使用纪律措施的水平越高，越会产生连带损害，对在惩罚环境中没有停课学生的学习成绩产生负面影响。换句话说，当学校仅仅依靠纪律政策时，所有学生的成绩都会受到负面影响。

建立好的学校氛围

我们都理解安全学校的需求——不仅是身体上还有心理上。通常，在校争吵会使人崩溃——想象一下某个女生，在午餐室被她本以为是朋友的学生们孤立，或者某个男生，收到了社交媒体上的匿名信息，催他伤害自己。作为成年人，我们摇摇头告诉彼此，尽管欺凌令人很不愉快，但这是一个自然的发展阶段。如果孩子或者父母要求我们干预，我们可能会把涉事方叫到一起，试图得出一个结论，但在大多数情况下，我们会有一种挥之不去的感觉，那就是这个冲突并没有完全得到解决。

当然，通常大事会获得最多的关注——例如，两群学生打了一场大架，或者任何一种争吵牵涉到了法律执行。如果事件在校外被公开——特别是如果该事件涉及了以下与性别、种族、语言、残疾或者性取向相关的因素，那么人们期待学区或者社区发言人在脚还没有踏进学校时就发表老师和学生们的观点。如果一所学校受到足够的负面报道，那么该校就会有成为该学区或地区出气筒的风险。即使没有媒体报道的事件，一所学校也能获得坏名声：例如，在学区升学率最低，或者在州测试中结果最差，或者教师和管理人员流转率高。

也许你的学校没有在某方面差得很明显——成绩稳稳居中，长时间以来没有发生重大危机，学生和老师各司其职没有大摩擦。但是，在放学后几分钟内学校停车场就空了吗？大多数学生选择了校外活动而没有参加学校俱乐部？学校教师除了强制性会议外几乎很少见面？如果这些问题中任何一个问题的答案是肯定的，那么你烦恼的是薄弱的学校氛围。国家中心将学校氛围定义为“学校生活的质量和性质”，这并没有和学校的其他部分相分离；相反，它从教师、学生、家庭和社区的关系出发。它还受到学校处理纪律的方式的影响——问题是怎么（是否）解决了。

学校氛围体现了教师管理课堂的方式，积极的学校氛围与众多因素相关联，如成绩、效力以及健康措施，例如：

- K–3学生数学成绩高。
- 教师对学术的乐观度较高。
- 小学生体重指数分数较低。
- 高中生吸烟比率低。

我们可以列出其他研究，但你知道的是——学校氛围至关重要，它能体现我们是如何工作、教学、学习和生活。不幸的是，可能很难从学校内部来评估学校的氛围。此外，学校氛围不是一成不变的——它每天都会变化，取决于不同因素（例如，谁出席、谁缺席，周末发生了什么，学校是否在参加州级测试，还有多久该学年结束）。

下面是几点令人信服的原因，说明为什么值得集中力量用恢复性方法提高学校氛围：

- 因为你关心学生成绩。
- 因为你关心学生的公民权利。
- 因为你关心学生的情绪和心理健康。
- 因为你知道如果不在学校学生不能够充分学习。
- 因为你警惕使用传统纪律方法传递给学生无意识的信息。
- 因为你知道我们正在培养一代人，他们将来有一天会决定我们日后的生活幸福。

不管动机如何，我们共同的最佳利益就是创造出一片工作、教学和学习的安全之地。

美国教育部（2014年）给出了下列提高学校氛围的指导原则：

1. 创造积极氛围并且注意预防。

2. 开发清晰、恰当并且连续的预期和结果来处理破坏性的学生行为。

3. 确保公平、公正以及持续提高。

这三个方面都至关重要——如果三个部分中缺少一个，那么就会失去平衡。

积极行为干预和支持

学校范围内的积极行为干预和支持（SWPBIS）以及恢复性实践有时被错误地视为互相排斥的倡议，没有比这一想法更不靠谱的了。事实上，这两个方面可以很好地相互补充：积极行为干预和支持方法强调问题行为的预防以及注意其功能，而恢复性方法集中于问题的解决。积极行为干预和支持给学校提供了一种方式来评估学生行为并识别其功能，消除引发意外行为的条件，并且教授替代性行为。积极行为干预和支持方法有三层：

第一层：这一层指的是在全班使用预防性行为支持，整体上满足80%学生的需求。

第二层：这一层指的是为近15%的学生设计的支持，这些学生经常表现不好，因而需要额外关注。

第三层：这一层指的是为为数不多的几个学生设计的干预，这些学生存在棘手的行为方面的难题，特别耗费学校资源。第三层的支持比其他两层包含更费时的工具，例如功能性行为评估。

纪律的恢复性方法包含了SWPBIS方法的原则，通过建立关系而集中预防，发挥社区集体力量来帮助有问题的个体在持续课堂练习和高期望值的培养环境下重新立足。最重要的是，恢复性练习从沟通工具中获取力量：成年人通过语言为中介和身份，用一种鼓励友好关系和解决问题的方式来辅助班级讨论。恢复性实践代表了向前的积极一步，帮助所有学生学习解决分歧、做自己行为的主人，并且做出同情和原谅的行为。

学生心声：有您这样的老师真幸运

本书的每一章都以“学生心声”结尾。坦白地讲，我们想象不出写一本关于恢复性实践的书却不包含学生的观点——毕竟，学生是我们的“客户”，“买”我们要“卖”的东西。每个好的商家都会定期与客户对话，找出什么行得通，提升行不通的地方。

赛玢来我们这里时是一个好学生——他成绩好并且在班里很有

礼貌——但他也是一个满足于在校不引起太多关注的学生。很多学生像赛玢一样：他们来学校，做他们被要求做的（不会多做），然后不受关注地离开。然而，经过一段时间，赛玢发现他可以通过改变来获得更好的发展。九年级时，他为班级讨论做出贡献，为他赢得了有洞察力、严谨和成熟的美誉。到十年级时，他偶然带领了班级的苏格拉底圈小组。他参加篮球队，他用自己的社会资本积极影响队友，向他们展示了体育运动员也可以关注学术成绩。

赛玢现在和多米尼克辅助恢复性实践工作坊，在此期间他探索自己的领导力技能边界。在一次工作坊中，一位高中教师向组里人寻求建议如何在提升和加深与学生关系的同时来增强学术的严谨性。赛玢的回答如下：

我给不了您建议，我只是个孩子。但是我想感谢您，因为您是那种想要更好并且想要让孩子们更好的老师。我的学校老师都是这样的，我们有你们这样的老师真幸运。

2

CHAPTER

第二章

信任关系和有意义的教导

传统的纪律关注的是违反规则，但恢复性实践关注的是人和关系的背离。在每个课堂上，个体之间的关系或是有助于学生学习，或是阻碍了学生学习。

杰里米每天都仓促地挤出公交车，因为他喜欢第一个到二年级的教室。然而以前不是这样的，他的妈妈回忆，不久前每天早上上学都是一场战斗。

“为了让他动身去学校，我愿意做任何事，”她说，“我给他做他最喜欢的早餐，答应放学后请客，并且在这些都不管用时，我朝他喊叫，我不知道他正在面对什么。”

杰里米是幸运的：他的小学关注恢复性实践。通过与家庭进行解决问题的讨论，老师和其他几个关心他的人以及学校了解到他在班里和几个男孩有矛盾，逐渐恶化的关系对他产生了负面影响。杰里米没有受到欺凌，他总是自己不在状态，但他需要帮助恢复与同学们的关系。杰里米的老师意识到，通过在班里使用更加明确的社会情绪学习机会，能使自己和所有学生的关系更健康。在老师采取的所有干预措施中，每天早晨留出几分钟和杰里米谈话是最重要的，谈话的内容不是最重要的，最重要的是他的老师使他感觉到被重视。

学习邀请

柏奇和斯坦利提出了一个问题：我们怎么邀请学生学习呢？当我们请学生进入到学习状态，我们就使用了他们所说的“吸引教育”，他们认为取决于以下四个因素：

1. 相信环境仍然是安全且没有变化的，这意味着大人和学生都像他们说的一样并且对自己的话负责。在一个信任的环境中，我们每天都争取做最好的自己，但是我们不会害怕在我们不够好的时候会被排斥。

2. 尊重是相互的和无条件的，即使学校社区成员没有处于最佳状态。不论年龄和角色，尊重是对每个人尊严的基本信念。作为教育者，我们适应了使用语言，我们担心人们说他们从别人那里“要尊重”。当你表示尊重时，反过来也会被尊重。

3. 乐观，这是我们每个人每天都去工作的核心原因。我们相信我们的学生能够学习，把这个信念传达出去会产生效果。乐观是基于环境的现实（而非愤世嫉俗的）观点。

4. 意向——是将乐观转化为结果的关键，只是简单地相信某件事情并不能使其梦想成真——你必须采取行动。我们教学、我们干预、我们再教学、我们评估进展，然后我们再教学，有意向意味着我们通过有意识的实践来获得结果。

我们都能够同意这些品质有助于与学生建立积极的关系，但是，学校有很多学生避免和教师有接触。为什么？我们认为简短的回答是学校都是人。柏奇和史丹利描述了四种完全不同类型的老师（见表2.1）：

表2.1 四种老师类型

刻意不吸引人	刻意吸引人
■ 轻蔑的 ■ 疏远的 ■ 严厉的 ■ 有报复心的	■ 一直是积极的 ■ 有成长思维 ■ 有决心 ■ 对学生需求敏感并且恰到好处地采取行动
无意地不吸引人	**无意地吸引人**
■ 否定的 ■ 低期望值 ■ 效力低 ■ 悲观	■ 充满活力但却没有意识到 ■ 充满热情却幼稚 ■ 积极但不稳定 ■ 放任的态度

1. 刻意不吸引人 这种老师会故意轻视孩子，让孩子们觉得自己渺小或者不足，在任何学校这样的老师通常不多。

2. 无意地不吸引人 这种老师不确定学生为什么躲着他们并且不喜欢他们的课，他们对未来有一种无望的感觉，并且因为他们不想失望，所以期望值也低。

3. 无意地吸引人 这种老师一般和大多数学生形成了积极的关系，并且对自己所从事的事情有适度的热情。然而，他们不知道自己做决定的原因。无意地吸引人的一个问题是你迟早会碰到关于学生的很难做决定的情况，但是你不知道该如何应对。这类老师往往知道他们是无意地吸引人，但是没有必要的远见来改正自己的行为。

4. 刻意吸引人 这种老师是理想的老师：有前瞻性、有系统并且坦率易懂。他们尊重所有的学生，建立学生对自己的信任，有积极的人生观，并且最重要的是，他们有意识地形成这样的品质。当学校努力在引导下对学生、社区成员和老师变得刻意有吸引力，结果会很轰动。虽然我们相信个体的影响力，但是我们知道团队的力量，一所张开双臂欢迎所有人的学校能够深刻地影响学校氛围。

建立信任关系

虽然传统的纪律关注的是违反规则，但恢复性实践关注的是人和关系的背离。在每个课堂上，个体之间的关系或是有助于学生学习，或是阻碍了学生学习。恢复性实践是建立在积极关系基础之上的，这是一种成年人在学校建立的与学生和与其他人的关系。当学生在乎自己与他人的关系时，他们会努力保持健康关系并努力恢复受到破坏的关系。

- **知道学生的名字**

老师可以使用很多策略来培养、建立、保持并加强自己与学生的关系。然而，最重要的是一个我们认为是理所当然的办法：知道学生的名字。老师记住所有学生的名字可能会很困难，特别是在新学年之初，但这样做是至关重要的，因为这传达了价值和重要性。想想西斯内罗斯在她的故事《萨尔瓦多，或迟或早》中对萨尔瓦多的描述：

萨尔瓦多有着毛毛虫般的瞳色、卷曲的头发和雪白的牙齿，萨尔瓦多的名字老师总是记不得，萨尔瓦多是一个没有朋友的男孩。他朝着模糊的方向奔跑，家是坏天气般的颜色。他住在原木门后，在昏暗的晨光中摇醒了昏昏欲睡的兄弟，帮他们系好鞋带，帮他们用水梳头，用锡杯给他们喂牛奶玉米片。

可怜的没有朋友的萨尔瓦多明显没有那么重要，老师都不知道他的名字。我们都能想象出他一生会如何——并且如果老师知道他，他的命运会有多么不同。

萨尔瓦多是虚构的，但约瑟夫·艾瑟夫却是真实的。艾瑟夫先生是一位高中数学老师，每学年开学第一天，他会告诉学生在第一周结束前他会记住所有学生的名字——如果有哪些名字他记不住，那么那些幸运的学生就可以随便想怎么叫他就怎么叫他。但是这种情况从没有发生过，因为艾瑟夫先生总是记得每个人的名字——他的学生也因此而尊重他。虽然他要做很多来维持和学生用打赌来开始的关系，但是他努力地记住学生的名字向学生传达了他重视并且理解每一个学生。学生通常知道那些使用亲爱的、甜心或者先生这种统称的成年人可能是忘了学生叫什么——学生期待关心他们的人记得他们的名字。

- **把正确的态度带到学校**

除了知道学生名字，老师必须选择每天带着什么样的态度来学校，学生们能够分辨出自己周围的成年人心情不好。当他们注意到暗讽的评论和讽刺时，他们观察到的事情就会破坏他们对我们的信任。这并不意味着我们应该回避谈论自己的悲伤和喜悦，分享个人信息是建立友情的一种很好的方式，只要信息不是太私密，不利之处在于没有明确原因就表现出一种不好的态度。当然，我们每个人的生活中都有痛苦。当我们写这本书时，南希的妈妈正在经历一场大手术，所以她很担心——但是当她出现在工作场合，她选择了应该展现给学生的态度。虽然我们在关注健康的高中工作，南希能够在短暂的休息时间和午餐时间和几个学生讨论她妈妈遇到的问题。她没有向学生隐藏自己的担忧，她让学生知道她会有几天不在学校去帮她妈妈恢复。我们没有让教育者摒弃自己所有的情绪，而是让教育者每次在与学生互动时，使用合适的态度和相应的行为。

- **开始了解学生的兴趣**

对于教师来说了解学生学习之外的情况是至关重要的。为了这个目的，我们鼓励老师询问学生的兴趣、爱好、抱负以及家庭生活。当我们对待彼此有人情味时，就很难表现出严厉、无礼和轻视。表2.2展示了一个简单的学生兴趣调查，你可以用来更好地了解自己的学生。我们认识的一位三年级老师麦克斯·安德鲁斯，他成功地使用了该调查。在一学年的课程中，他会定期和学生见面，让他们更新自己在调查中填写的内容。然后，他将调查提供给学生四年级的老师们，这样一来老师们对每个学生都有了一定的了解。

老师们也可以用调查收集来的信息在课堂上与学生建立联系。例如，当安德鲁斯先生的学生学习各种气候和环境中的生物群落和生物时，他记得阿玛尔之前在沙漠生活过，于是就邀请她来分享她所知道的沙漠里的生物。安德鲁斯先生也想起赫克托去过佛罗里达，并且他曾很兴奋地谈起和祖父母一起参加的沼泽地之旅，因此安德鲁斯先生让赫克托也做了分享。让学生用这种方式分享他们的知识向学生传达了他们作为个体受到了重视。我们在课堂上听学生分享，我们了解到离婚、结婚、死亡、新的兄弟姐妹诞生、人身安全受到威胁、无家可归和一系列其他事情，这些事情增进了我们与学生的关系。

表2.2 学生兴趣调查

1. 当人们想知道______________，他们会问你。

2. 当你有一个小时自己的时间，你不用做琐事或者作业，你想干什么？

3. 想象一下你有一个星期的时间可以去世界任何一个地方旅游，你想去哪里，在那里时你想干什么？

4. 我们假设你有一台时光机，你会选择回到历史上的哪个时间段哪个地方，为什么？

5. 如果你有25美元可以用来买任何东西，你想买什么，为什么？

6. 你希望这个学年我们在课堂上做什么？

7. 请你从1（我需要很多帮助）到10（这是个人优势）给自己在下列学术技能上打分，这能帮我成为对你来说更好的老师。

________拼写

________阅读任务

________语法

________课题研究

________经历描写

________小组合作

________信息描述

________领导小组

________议论写作

________独立工作

________课堂讨论

________做陈述

8. 最后一个问题：如果有人写一本关于你生平的书，标题是什么？

各个年龄的学生都因各自的经历而成为现在的样子，了解学生的经历有助于教师建立牢固的关系和有效的学习环境。让我们以二年级教师莫妮卡·斯图尔特为例，她的学生就是一个大融合，她定期把学生兴趣和个人经历融合到课堂讨论中。然而，有一个学生难住过她，阿菲亚拒绝参加小组，也没有完成作业，还经常把斯图尔特女士发的卷子给撕掉，她也对同学和老师说话没有礼貌。但是斯图尔特女士没有放弃阿菲亚——事实上，她下决心要每周和阿菲亚见面，试图更好地了解她。在学校没有人真正了解阿菲亚，在新学年开学时斯图尔特女士和她的父母见面也没有特别了解到什么。

经过几个星期，阿菲亚开始相信斯图尔特女士。最终，她透露了在她的祖国巴基斯坦她曾经目睹过可怕的战争和残忍的事情——包括她的兄弟被杀害。斯图尔特女士借此机会让阿菲亚联系了学校辅导员，辅导员开始给她做长期心理辅导。很明显，阿菲亚患有创伤后应激障碍，有很强烈的幸存者内疚。当阿菲亚的妈妈从学校了解到阿菲亚说的事情，她对于女儿还记得之前发生的事情感到惊讶，她欣然同意女儿参加心理辅导。

大多数情况下，老师从和学生的谈话中获得的信息不会像阿菲亚这样戏剧化和具有人生转折性——但是当信息确实如此时，这就很重要。我们相信所有的行为都是一种沟通方式：学生正试图用行动告诉我们一些他们可能无法用语言描述的事情。其实，出现行为问题的学生或者是想要获得什么东西，或者是想要避免什么东西。

当我们理解这一点时，我们就能够弄明白事情，使学生回到正轨。

- **家访**

有时候让学生回归正轨需要家访，家访使老师能够与学生家人在他们的地盘上谈话，在与家长建立关系的同时深化与学生的关系。当老师们被问到家访的好处时，他们会说几点积极影响，包括和家长建立有益的关系并进行更好的交流，更好地了解学生家庭环境影响与学校成绩的关系，更好地理解学生在校行为。家访也能够帮助教师处理文化差距，这种差距可能会影响学生在校行为和学习。

加州父母/教师家访项目开发出了最好的开展持续性家访项目并进行了实践，包括下列建议：

■ 教育者和家长自愿参加家访，但是至少学校50%的教师参加。

■ 对教育者的家访工作进行补偿，有效地培训他们。

■ 总是让两位教育者一起出去家访。

■ 拜访所有类型的学生——理想的情况下所有学生，而不是以任何一个特殊群体为目标。

■ 把家访聚焦于建立关系。

道格的首次家访对象是一位已经脱离学校的九年级的学生。马里奥缺席超半，当他上学时，他在课堂上也没有良好的表现。他所有的课都不及格，可能要留级，这很有可能使他最后完全辍学。

学校的社会工作者拉斐尔让道格和他一起去马里奥家进行家

访。当道格和拉斐尔到马里奥家时，马里奥的妈妈让他们脱鞋进来，她给他们端上了一些辣的黑豆汤喝。三个人聊了一会儿，大部分是关于马里奥的。“我不知道该怎么做，”他的妈妈说，“他就是不起床。他说他不在乎是否挂科，但我们来这里不是为了这个。”

家访了25分钟时，马里奥回家了。他进入厨房，叫他妈妈。道格和拉斐尔告诉过他他们会家访，但是很明显他没相信，因为当马里奥看到他们时，他突然停了下来，不敢相信地看着他们，马里奥说：“真的？你们来我家？你们喝我妈妈做的汤？”不知道该说别的什么，道格说：“是啊，汤真好喝。如果你继续旷课，我打算每天都来喝汤。我们都关心你，我们比你希望你能毕业。但是有一天，你会和我们有一样的想法。”马里奥的妈妈开始哭了起来，马里奥说：“看看你们做了什么？现在她哭了。”

拉斐尔回答说：“是呀，妈妈们都会哭。但是你想她在看你走过毕业舞台时哭泣，还是因为你辍学人生一无所成哭泣？我们来这里是要帮助你，小伙子。你能做好，我们相信你。”

听到这里，马里奥也哭了起来，他答应要更加努力尝试。这并不容易，当然也会有反复，但家访是马里奥毕业和最终参军之路的第一步，在部队里他自豪地为国家效劳。每个孩子至少需要一个人对他们特别着迷，马里奥只是需要两个这样的成年人。

● **课外活动**

参加课外活动传达了一个强有力的信息——即学生兴趣至关重要。南希参加了几次小学生的表演、舞蹈、音乐会，每次参加后，学生们告诉她他们在观众席里看见她了。南希不仅喜欢看到现在和以前的学生，而且她知道她花在上面的时间是对师生关系建立的一种很好的投资。简而言之，多米尼克没有错过一次初高中运动会，在运动会上他喜欢与学生和学生家人交谈。

这里有一个案例来说明课外活动如何能够帮助形成与学生的积极关系。尽管萨万娜并没有在七年级的课堂上表现出任何有问题的行为，但是她似乎没有什么朋友，经常一个人。她的老师定期邀请她参加午餐小组或者其他社交活动，但她总是拒绝。说句题外话，定期和学生们共进午餐是建立关系的一个很好的办法——学生们对老师吃饭这件事本来就感到惊讶了，更何况还是与他们一起！在我们学校，我们故意不设教师午餐室，这样一来老师就有机会和学生一起吃午餐。每个星期，萨万娜的学校会告知学生他们可能感兴趣的活动，例如吉他课或者足球选拔赛。有一周，萨万娜听说YMCA（基督教青年会）提供水中有氧操课，上课那天，她露面了，带着签好了的同意书表格，她看起来像是换了一个人：她乐于助人、积极参与，并且关心同伴。她甚至找到第一个将课程引入学校获得学校关注的老师，给她提建议说他们可以让学生为课程更好地做准备。

在接下来的几个星期中，老师了解了萨万娜，并且从心底接受了她的建议。尽管她不是萨万娜所在学校的老师，但她最终使萨万娜的生活发生了巨大的改变。

在学校主管乔尔·佩德森的博客中，他提出每个学生都需要仅仅一个人来关心他来使他的生活发生永久改变，他甚至发明了一个人标签来传播这种理念。我们感谢佩德森在博客中提出了这样的建议，包括下列练习：

1. 在体育馆中把每个学生的照片都挂起来。

2. 在每个学生的照片下面留出空白，以便老师们写下他们知道的关于学生个人的任何事情（但不包括隐私的事情）。

3. 老师们写完之后，和他们交谈。你注意到了关于你知道的学生信息的什么事情？每个学生在学校至少与一位成年人形成了支持性关系？

4. 做出一个分享计划，确保每个学生至少有一位老师与其有所联系。

5. 成为学生的那“一个人”。

正如谚语所说：“对于世界来说，你可能是一个人；但是对于一个人来说，你可能是整个世界。”或者正如《小熊维尼》中的小猪所说的爱，“你不能拼出来……你感觉得到。”学生们知道是否有人爱自己，能够分辨什么时候他们只是在被容忍着。

有意义的教导

关系至关重要，但是只能走这么远。仅仅因为学生感受到得到重视并且感觉自己是重要的并不必然意味着他们会在课堂上表现好，特别是当教导无聊或是无效时。当学生与自己的老师们有积极的关系时，他们愿意出于尊重去认真听老师讲课。但是如果课堂没有参与性，学生仍然会有表现不好的风险；相反，如果上课参与度高并且与学生生活有关，那么不管师生关系质量如何，学生都会好好表现。当然理想的情况是，师生关系好并且上课非常有效果。

● 教学评测

教学评测能避免学生感到受挫并无意识地表现出来，尤其是当他们知道老师会根据结果再次授课时。我们记得有一个学生约瑟在一次测验中不及格后就噘着嘴把九年级的科学笔记扔掉了，约瑟的老师提醒全班同学在接下来的几天会上复习课，重点就是测验中学生们做得不好的部分。一听到这儿，约瑟振作起来，捡起笔记本，举起手。“所以您不会把这个成绩写入成绩单？”他问道，“所以在我爸爸收到关于我成绩的电子邮件认为我很笨之前我能弥补一下？”正如这件趣事所示，教学评测和学生行为之间有明显的联系。

● 逐渐下放责任

为了努力改进学生学习和课堂环境，我们在我们的《有意识并有目的的教学框架》中更新并且修改了逐渐下放责任（GRR）模型的要素。通过在课堂中不同节点有意识地让学生分担责任，老师们能够监控学生的学习并相应地调整自己的教学，我们的《有意识并有目的的教学框架》鼓励参与到GRR的学生与同学合作使用学术语言。此外，GRR要求老师为学科知识和社会行为预期做出模型，教学设计上要弥补学生理解的差距，并且自主学习任务要能够让学生实践自己所学的内容。

● 有意义的学习

为了进行有意义的学习，学生需要相关的学习目标。当学生知道自己应该学什么，为什么应该学，并且怎样才能展示自己所学的内容时，他们就会更专注于学习，少一些不良表现。

这里有一个例子，在埃雷拉女士在幼儿园所带的班里，学生们正在重读《蜡笔大罢工》。为了让孩子们来到课堂上，埃雷拉女士宣布："今天，我们要重新阅读我们的新书，《蜡笔大罢工》。但是这次，我们要弄清楚邓肯是如何回复那些信件的。我们已经分析了文章，知道了每个蜡笔想要什么，对吗？谁记得蜡笔抱怨了什么？"

"红色蜡笔累了，因为他放假时也要工作，例如要为情人节画心形。”艾尔维达回答说。迪耐罗说：“灰色蜡笔也有太多工作，因为他要画出许多大东西，例如河马和大象。”“绿色蜡笔没有抱怨，”艾莎说，“他没有任何问题，他喜欢把东西涂绿。”在另外几个学生讨论了不同蜡笔所面临的问题后，埃雷拉女士加入了他们的讨论。

“你们都非常了解这本书，”她说，“记住，今天我们将要弄明白邓肯是如何回复各种抱怨。记住，我们总是在寻找证据加入到我们的回复中，证据是从何而来呢？”

学生们异口同声地回答：“来自书上！”汤姆斯补充说：“证据可以是说的话或者图片，我们说‘因为’来告诉人们我们有证据。”

“那么让我们把这本书再读一遍，”埃雷拉女士说，“但是这次我们要寻找对每个蜡笔提出的问题邓肯是如何回答的。当我们读完并且收集了证据，我们每个人要写一封回信给一支蜡笔，让它知道邓肯是否已经解决了它的问题。如果答案是肯定的，我们可以在信中描述邓肯是如何解决了问题。我们能够帮忙解决问题时就写信，这是不是一个很好的练习？”

埃雷拉女士花了几分钟时间介绍要上的课，这样一来使学生有了准备，把学生带入到一个积极参与的学习体验中来。因为要求学生们弄清楚邓肯是如何回复蜡笔的，他们就更注意文章——这样做，就不会表现不好。课堂既有趣又有相关性，因此学生按埃雷拉女士要求去做了。

我们相信目的驱动下的教学是学生权利问题：我们认为学生有

基本的权利来了解老师想让他们学什么，为什么老师要他们学，以及老师要他们怎样展示自己的理解。简单地把这些理念写在黑板上并且留在那儿还不够，这些理念应该驱动师生的学习体验。除了帮助提高学生成绩，清晰的学习目标很可能使学生感兴趣，这样一来会把注意力集中到课堂上而不是潜在的不良行为。

思考一下下面两个引导学生学习的说明样例：

1. SWBAT能计算并且用图形表示出随着时间的指数衰减。

2. 美国网球协会对弹起有规定，被称为反弹。球必须弹到一定高度，不能多也不能少，才能被认定为界内球。今天，我们要集中看一下每次弹跳的高度，数弹跳一次，然后两次、三次等等，然后我们要用图画出我们的数据来决定这种衰减是直线型的还是指数曲线型。下课之前，你能够总结出随着时间变化的衰减（在这个例子中，弹跳的消失）。

我们发现第二个说明远比第一个更有趣，我们认为学生也会这么觉得。通过有意识地让学生来学习学科知识，第二个说明必然会激起学生对课堂的兴趣。第二个说明确实花了更长的时间来精心写成，但是如果这样能带来明显的学生学习提升并且花费更少的时间来使学生集中注意力和纠正学生行为，那么这种投资是值得的。

有时候也会出现学习目标太复杂，导致学生最终放弃课堂的情况。相反的，有时候学习目标太容易达成，学生对课堂产生厌倦。放弃和厌倦会在课堂出现相同模式——扰乱课堂。正因如此，在设计学习相关目标和为学生写课堂目标时要当心，这至关重要。

- **协作学习**

研究表明，当学生有机会参与到与同伴的有意义的互动中时，他们就会更喜欢学校、更开心并且学得更多。在不同老师的课堂上，学生为成功讨论、提出话题并且主动做出贡献承担了很大一部分责任。在某种程度上，这是因为教师提出问题和引导讨论的技巧为学生学习做出了巨大贡献，并且对于很多教学目标来说是有益的。这些教学目标包括：探索新概念、获得学生理解的证据、促进学生深度参与。

创造出以讨论为引导而不会让学生分心的课堂要求精心计划和精确的步骤。我们发现，为了使课堂上学生间互动频繁，下面六点因素尤其重要。

第一，任务有意义并且复杂 毫无疑问，学生需要理解他们学习任务的目标，如果他们不理解，可能就会失去兴趣并且谈论其他事情。重要的是，一个作业的目的从来不应该仅仅是完成整个任务，而应该是学会某一件事。任务应该与学生息息相关，并且学生应该确切地知道他们的作业是怎么与他们的学习目标相关联的，任务应该有足够的复杂性来使学生感兴趣并为之努力。复杂的任务使学生更多地与同学讨论，试着弄明白怎么解决眼前的挑战。

在杰夫十年级的生物课上，学生两人一组来完成单词排序，辨别出不同词汇术语的关系。当他们努力完成任务时，波尼先生提供了额外信息，例如自养生物和异养生物的含义，来使学生把精力集中在任务上。

第二，共同关注任务和材料 当学生合作时，重要的是监督他们的口头和非口头互动——他们指点、倾斜、保持的姿势和贴在一起，这些行为线索告诉我们学生互动得很好。为了教导学生如何更好地互动，老师可以使用学生录像片段，展示老师期望的行为。当播放这样的片段时，老师应该在关键时刻暂停并且重播，讨论所观察到的行为的价值。经过一段时间的练习，学生开始记住这些行为。或者，老师可以使用鱼缸战略，让学生在参与合作对话时互相观察并记笔记以供之后讨论。

在波尼先生的课堂上，学生协作并且参与到与老师和同学的对话中。波尼先生用一张检测清单来列出期待的行为，给学生反馈他们达成目标的情况（见表2.3）。

表2.3 期望的行为清单样例
今天你做了下面的事了吗？ ________和讲话的人有眼神交流 ________集中精力在课堂上 ________定期参与到小组中而不是远离小组 ________用面部表情来表达兴趣、质疑或者同意

第三，争论而不是争吵 参与高效的小组讨论的学生使用自己的辩论技巧彼此互动成果颇丰：他们提出主张、提供证据、寻求解释、提出反面观点，并且达成共识或者识别不一致之处。他们能够各抒己见而不会因此而感到不愉快，他们在解决问题时能够以成熟的方式进行互动。

还要教导如何恰当地使用争论。有些老师使用语言框架来引导学生使用争论，例如，四年级教师苏珊娜·基罗斯在科学课上使用了与提供论据相关的下列框架（在其他框架中），这样一来她的学生会练习使用学术语言：

- 我用来支持__________的论据是__________。
- 我认为__________（陈述）因为__________（理由）。
- 我知道__________是__________因为__________。
- 基于__________，我认为__________。
- 基于__________，我的假设是__________。

还有一些老师使用责任性谈话策略来教导学生课堂谈话的习惯，三个期待形成了这种方法的框架：

1. 作为一个高度参与者对学习社区负责任。

2. 有责任使用最准确的可用信息。

3. 有责任在讨论中使用推理、逻辑和论据。

在责任谈话中教师的角色至关重要，不仅仅是简单地提问题，相反，教师起到了协调人的作用，有意识地使用谈话策略使对话继续进行。例如，老师可能会让其他人注意某个对话，这时会说："大家都听到这个评论了吗？你介意再说一遍吗？这样我们能多讨论一下你的观点。"（进一步的有用的谈话策略在表2.4中）

表2.4　给老师准备的谈话策略样例
▪ 你能再多告诉我们一些吗？ ▪ 你能再说一遍吗？ ▪ 你能再举个例子吗？这样有助于我们理解。 ▪ 我想听听别人关于__________的评论是怎么想的。 ▪ 慢慢来，我能看出来关于这件事你已经有了进一步的思考。 ▪ 你为什么那么认为？ ▪ 你刚才提到的信息我们在哪里能找到？ ▪ 我再重复一遍你说的，听一下确保我理解对了。 ▪ 这是个很好的问题，咱们问问班里其他同学，你们怎么认为的？

雅各布女士花了一个学年在她十年级的班里培养学生进行有效辩论。她经常让学生们把椅子围成一圈，确保学生能全神贯注倾听每一位发言的人，每个人都有机会发言。例如，米勒女士的学生坐成一圈来讨论他们关于社会媒体的想法，在遵循责任谈话的原则下，向同伴和老师提供自己主张的论据。

第四，语言支持　在残疾人社区里，有一句谚语：不能说话和无话可说是不一样的。这个观念提醒了我们支持学生表达自己的观点是多么重要。当学生不知道如何用语言组织自己的想法时，他们会保持沉默。支持可以是多种形式，例如，句子框架、教师示范、单词墙、听力工具，以及同伴协作。

科德林顿女士使用语言表，尤其注意她所教的二年级学生的词汇进展。她尊重学生，体现在她对学生的回答感兴趣、使用积极的非语言信号、说话以一种尊重的语气。

第五，小组规模 对于一个给定的学习目标，全班讨论常常是很适合的，但是，这样只有相对较少的学生参与其中。为此，专家教师将全班讨论和2～5人学生小组讨论相结合。小组不必都是同一个规模：有些学生有一个搭档表现得更好，而另一些学生小组人多时发挥得更好。然而，小组超过5个人就会使一些学生无法参加讨论或者自行分成更小的小组，将小组规模和手头的任务以及学生需求相匹配是至关重要的。

组成小组的最好方法（虽然不是最完美的），就是使用其他的排名：使用最近的一个评估，教师根据学生表现排名，在中间断开，把两份名单并列排好，跨名单进行分组。例如，一个班有34名学生，第一组学生可能包括了排名第一、第二、第十八和第十九的学生，下一组可能包括了排名第三、第四、第二十和第二十一的学生，第三组可能只包括了排名第五和第二十二的学生，使用这一策略能够确保每个小组学生学术成绩多样化。可以根据收集的新的评估信息每四至六周重新分组。

杰克鲍克斯女士安排她教的六年级的学生两人一组、三人一组和四人一组。有些学生需要在人少的小组中，因为他们在讨论中很难管理好太多的社会关系。迈尔斯女士故意组织学生分组，使他们尽可能多地进行互动，确保他们互相扶持完成任务。

第六，教师角色 教师在全班讨论和小组讨论中都起着重要作用。正如我们注意到的，注意听学生说对于引导学生进一步的理解至关重要。不要简单地给学生信息，教师应该提问、提示并且给他们思维线索。教师也应该明白自己的评论既能增强学生的自我感觉——他们的自尊、代表性和身份，也会伤害他们。我们对孩子们使用的语言影响他们对自己的认识，影响他们对自己正在做的事情的想法，影响他们和他人的关系，影响他们在课堂上习得的战略信息，还会影响他们对读写能力和自己生命进行思考的可能性。

科德林顿女士在与她二年级学生互动时考虑得很周到，她想鼓励他们一直说并且为自己的深入理解而感到骄傲。她用自己的话重复他们的回答并确认他们的提问，她通过提出问题并且给他们提示和线索来引导他们进行思考。

—— 在专业学习、社会学习和情绪学习之间 ——

学校的专业学习生活不可避免地与学校的社会和情绪氛围相联系。像艾瑟夫先生、雅各布女士和科德林顿女士这样的教师能够进行有意义的教学，因为他们积极地投入到学生社会和情绪发展中。

反过来，学生能够参与调查和富有成效的小组任务，因为他们知道自己可以心安理得地感到好奇，进行思索推测、冒险、失败然后再尝试。

促进社会情绪能力学习合作组织（CASEL）列出了下列五个中小学生必需的社会情绪能力，并且推荐学校将每一种能力都涵盖到自己的项目中：

1. 自我意识 准确评估自己的感觉、兴趣、价值和优势，保持充分的自信。

2. 自我管理 管理自己的情绪来应对压力，控制冲动，并且坚持应对挑战，恰当地表达情绪，设定个人和学术目标并监控进度。

3. 社会意识 能够从他人的角度看问题并同情他人，识别并欣赏个人和小组的相似点和不同之处，识别并尽可能地使用家庭、学校和社会资源。

4. 关系技巧 建立并保持健康有益的基于合作的关系，抵抗不当的社会压力，组织、管理并解决人际冲突，需要时寻求帮助。

5. 负责任地决策 做决策时要考虑到道德标准、安全隐患、恰当的社会规范、尊重他人以及各种行为可能出现的后果，把决策技巧应用于学术和社会情境中，为学校和社区的安宁幸福做贡献。

CASEL对社会情绪学习项目的300多份研究进行了荟萃分析，这些项目涉及325,000名K-8学生。结果令人震惊：参加了社会情绪学习项目的孩子比没有参加的孩子成绩平均高出11%到17%。更好的是，CASEL发现研究的项目是由学校教职员工而非不相关的外人有效执行的，表明这些干预能够融入日常的教育实践。

我们所做的所有事情的核心是培养每个孩子的社会情绪发展这一使命，其中的两个主要因素是同感能力和自律学习。我们为学生创造的环境能够提高或是抑制这些品质的发展以及学术学习。

- **同感能力**

同感能力是一种准确识别他人情绪状态并关切地进行回应的能力。尽管我们的经历有助于我们同感能力的发展，但是幼小的孩子们和其他人一样有同感能力。大家都看到过蹒跚学步的孩子安慰其他情绪沮丧的同伴，幼童教师教他们定义感受的语言以及期望的亲社会行为。

我们之前讨论了埃雷拉女士给她幼儿园班级上的一节关于《蜡笔大罢工》的课。为了帮助开发学生的同感能力，埃雷拉女士故意花时间问学生关于每个人物情感状态的问题（“为什么米黄色蜡笔伤心了”“为什么桃色蜡笔感到尴尬”）。她的学生研究了图片并且再次听课文来找到每个人物情感的证据。然后，埃雷拉女士通过进一步提问来开发学生进行同感行动的能力（“你做些什么能帮助米黄色蜡笔”“你能做些什么事情让桃色蜡笔不会感到尴尬”）。

我们所在的初高中学生学习“帮助”课程，该课程是由萨蓬—赛文首先加以识别定义的。遵循帮助课程课堂的特点是贴有一张海报，上面有如下四个问题：

1. 今天当你需要帮助时你求助了吗？

2. 当你知道别人需要帮助时，你帮忙了吗？

3. 当别人提出帮你时，你接受了吗？

4. 如果你拒绝别人的帮忙，你是有礼貌地拒绝了吗？

当你考虑到这些时，成年人在其工作和个人生活中一直使用这四种帮助行为，然而，需要成熟的交流技能及非常和谐的社会和情绪技能来恰当地完成这些行为。帮助行为就是一种“软”技能，要求有社交商，和为了掌握内容的技术支持这样的“硬”技能一样重要。

数学课堂是学生把软技能和硬技能相匹配发展的一个理想场所。数学课上，学生会遇到学术难题，这使他们感到沮丧泄气。因此，我们学校的数学组首先尝试合作学习和合作评估，要求学生定期表现出寻求帮助和给予帮助的行为。这种方法让学生实践了小组任务的同时培养了同感能力，小组任务很有可能对他们未来的职业生涯有深远的影响。

从六年级开始，我们学校的所有学生每天数学课的一部分时间要用于合作解出扩展问题。首先，这些小组活动是简单的游戏，但是过一段时间，任务变得更加困难，要求学生寻求彼此的帮助并给彼此提供帮助。有时候这个过程有些困难，特别是在有些情况下，有个别学生想要领导小组并独自完成任务。乔希就是这种情况，他是十一年级的尖子生，他习惯了毫不费力地独自完成整个小组的任务，更糟的是，他的同学们都很高兴让他代表他们完成任务。

对乔希和他的小组来说不幸的是单元评估结构使他们的方法无法维持下去。测试时间是两天，第一天，学生会有一个对话形式以技能为基础的数学测试，每个人要独自完成。但是第二天，测试内容是一个延伸的以问题为基础的学习任务，学生要合作完成。评分时，要看学生一起有效合作的程度。测试的最后一部分要求学生写自我反思，评分是根据学生的反思思考、分析、对他人贡献的识别以及个人责任的水平来决定的。

乔希在头两天的测试中不及格，虽然他第一天得分很高，但是他在小组任务和自我反思上得分很低。他的父母很生气，要求与老师和学校管理者见面。父母的反应可以理解——乔希从来没有在数学测试中不及格，他的父母认为测试重点放在小组任务上是不合理的。这次会面很艰难，但是当老师中有人问起这对父母的职业生活时，讨论出现了转机。乔希的妈妈是一名外科护士，因此她理解团队合作是多么重要。“我和一些非常有才华的医生一起工作，”她说，“但是如果有人来到手术室试图一个人完成手术，那么病人会死的，就这么简单。”

乔希的数学老师海蒂·曼陀艾回答道，尽管她儿子的小组任务并没有像她的小组任务那样性命攸关，但是老师要求乔希学会必要的与他人合作的技能——特别是，要知道如何求助以及何时求助。“乔希一直都是数学尖子生，”老师说，“但是如果他不知道如何用这些才能使小组或者组织与个人相互受益，他的世界就会很小，这是没有必要的。”

在这一年，乔希学会了在小组中很好地完成任务并且提高了自己自我反思的能力，他甚至在他的大学申请文章中论述了自己的经历。在“我从自负到谦虚的旅程中”，乔希努力让自己必须依靠他人，而这些人知道的还没有他多：

我自负的时候，认为那些就技能而言知道的没有我多的人就比我差，我也不欣赏我团队里在其他事情上知道的比我多的人。但是，他们没有认为我比他们差，尽管他们有权利这样想。我花了一些时间经历了一些事情之后才理解使小组集中在任务上的人或者暂停讨论问小组中不说话的成员“你是怎么想的”这样的人知道如何做事。我从同学那里知道了数学不仅仅是关于数字、共识和算法，没有其他人使我停下来思考我从来没有想过的事情，我自己的学习就会受到局限。

虽然乔希并没有真正喜欢上数学课上每天合作学习和评估，但他确实学会了理解他的老师坚持让他学习的帮助行为是对他有用的。我们仅仅能够猜测他的家人愿意支持老师并且使用了自己生活中的例子，这些起了很大的作用。

- **自律学习**

我们想让并且需要学生能够使用内心的罗盘来帮助自己做出正

确的决定，不管成人是否在场，一个自律的孩子都会抑制冲动行为，延迟满足感，并且思考自己的其他做法及其后果。

思考一下你在职业生涯中面对的所有行为问题。有多少你会归咎于学生缺少控制冲动的能力？有多少是由于他们没能在行动前思考自己的行为？有多少是因为大人没有在附近来组织他们？当学生不自律时，问题就会随之而来。

为了培养学生的自律能力，学生需要体验做决策。不幸的是，一些学校所做的就是发出指令，这些指令会使学生努力减少不当行为的选择变少了。结果常常与人们的期望背道而驰，老师刚一走出教室来到走廊，不当行为就会出现。尽管我们相信清晰并持续的规则和期待至关重要，但我们也意识到规则真的是双方一致而达成的，规则的成立取决于每个个体能够遵守这些规则。诚然，学生需要受到监督，并且受到有利于发展的恰当保护。但是教师必须小心谨慎，给学生提供很多做出独立决策的经验，这样一来他们能够积累成功和失败的经验教训。

很多老师在制定教师规则和预期时给学生话语权，这极其重要，因为这给了学生主人翁意识，不然他们会缺乏主人翁的责任感。多米尼克和一位有经验的八年级老师莎拉·莱斯特一起工作，莎拉在两节科学课上遇到了难题，她使用的课堂管理工具不起作用，她意识到自己对自己的班级越来越灰心——也就是说，她意识到自己无意间对于学生越来越没有吸引力。她急于求助，让多米尼克在两节有问题的课堂上辅助圆圈讨论。通过这些讨论，每节课上都形成了各自的规则和预期（见表2.5和表2.6）。

虽然可能看起来并不特别高深，但是这些白纸黑字写出来的指令强有力地代表了大家共同的意见——合约，如果你愿意——并且使教师有了一套新工具：当班级背离所述的约定，那么她可以提醒学生注意约定，而无须使用羞辱或者使学生感到羞愧的方法。

表2.5　教师守则和预期：例1
我们第三节课的学习者保证 ■ 每天学一些新的东西 ■ 提供帮助并求助 ■ 统一口径 ■ 彼此尊重 ■ 避免干扰

表2.6　教师守则和预期：例2
第四节课的约定 ■ 尊重同伴和老师 ■ 参与使每个人学习 ■ 提供帮助并要求帮助 ■ 意见统一使得学习成为可能

幼儿园课堂上让小孩子们有机会通过想象的情节来演练做决策，当学生合作计划延伸的想象场景时老师从中进行调解。例如，如果一个孩子想要表演摇娃娃睡觉而另一个孩子想要演猴子，那么老师可能会干预，帮助学生做出令双方都满意的折中——在这个例子中，老师建议猴子作为婴儿的宠物。虽然这个例子可能看起来微不足道，但是这些相关的蹒跚学步的孩子们正在学习为了合作调整自己的预期。

当孩子长大上了小学，就会让他们做规则更清晰的小组游戏，例如课间他们玩的那些游戏。他们获得排队、成为小组成员以及延迟满足所需的技能，这些都使他们控制冲动行为的能力得到提高。在中年级，学生获得更有意义的机会来体验做决策，他们参与到时间更长更复杂的项目中，帮忙设定他们的截止期限并做出设计决策。等学生到高中时，学生应该定期挑战设定长期目标并制定方案达成目标。例如，我们要求我们学校的学生每个星期监督自己并报告自己的长短期学习进步情况，每月评估自己的出勤情况、学术干预的参与程度、睡眠、营养和学习习惯，每年分析自己的成绩单，评估自己的高中生活是否上了正轨。我们的目的是通过让学生监控他们能够控制的因素来增强学生的自信心。这个方法使学生失去了成绩不好的惯用理由——“我的老师就是不喜欢我”，让学生知道成功在于努力而非天生的能力。这两个结果对于帮助学生形成发展的心态是十分重要的，当学生进入青年期，他们会像预期一样内化监控自己进步的习惯，并在需要时做出改正。

—— 学生心声：他们真的喜欢我 ——

德西和瑞恩写到过所有人都有三种内在心理需求：

1. 关系需求——他们想要与他人互动、与他人有联系，并且体验关心他人。

2. 能力——他们寻求控制结果并掌握经验。

3. 自主权——他们必须主宰自己的生活。

四年级学生戴安娜教会了我们很多关于这些需求的事情，她在学年中转学来到这个学区，带来了一本很厚的纪律处罚、停课以及学生学习小组评语。她的老师桑多瓦尔先生决定让她做大家都想做的班级工作：出勤监督员。他认为这个岗位能够让她认识自己的同伴。确实如此——还有更多收获。

总之，戴安娜的表现非常好。可能她跟别人说话有点多，但是她尊重他人、完成自己的任务、提出许多很好的问题。当她有机会在家长会上分享时，她说："这里他们真的喜欢我。桑多瓦尔先生信任我让我管出勤，我要检查是否每个人都来了，然后自己去办公室。之前没有人这么信任我，真的，之前没有人真正喜欢我——妈妈，我有朋友了。"

戴安娜的妈妈拭去泪水，回答说："我以前不知道你认为人们不喜欢你，这是为什么你会表现出来？因为你觉得老师和其他学生不关心你？哦，亲爱的，我真抱歉。”

让戴安娜当出勤监督员的约定让她感觉到了被信任，这也让她感觉到自己的能力。我们想起一个评论，九年级学生兰迪解释自己长期表现不好的原因时说：“我宁愿是坏学生也不愿意是笨学生，这样不会那么尴尬。”哇，有多少学生愿意被视为坏学生而非笨学生？也就是说：有多少被设定为需要行为干预的学生真正需要的是教学辅助？

学会的感觉真好，任何克服了棘手问题的人理解把问题弄明白的感觉有多好。我们想让学生体会到同样的成就感，我们不是想让学习变得简单——我们想让学习成为可能，这有很大的区别。对学生的教导应该是严谨并可达成的，学生应该获得很多机会在学习新内容时与同伴进行交流。

3

CHAPTER

第三章

课堂教学过程和预期

教室里每天发生的事情都可能影响整个学校的声誉——例如，课堂失控意味着整个学校是无序的。但是，教师的课堂管理技巧常常被认为是与其个人有关的，很少人会去想到其会影响学校。

道格和多米尼克有时会逗南希，说她总是参考那些适用于任何情况的规则和过程，总是引用他们证明自己的决策是正确的。用他们的话说："南希喜欢规则。"南希没有辩解：规则和过程帮助引导她进行思考，特别是在不熟悉的环境下。相反，多米尼克发现一种不同的规则尤为重要：作为我们学校的足球队教练，他要依赖一本厚重的规则手册来确保比赛公平进行，并且考虑到运动员的安全。对道格来说，他喜欢使用《罗伯特议事规则》，这是一套首先出现在19世纪的美国国会议事程序，道格想要确保在讨论中能听到所有人的观点。

只要这些规则和过程是由那些记得使用的人制定出来，那么小组无论大小最好还是按照规则和过程行事。我们所有人都有过这样的经历，规则限制了小组的执行能力。相关人员的幸福安乐远比坚守规则来得重要，但是随心所欲“怎么都行”的氛围显然是不合适的，因为这样的环境使孩子感到害怕和迟疑。

教室里每天发生的事情都可能影响整个学校的声誉——例如，课堂失控意味着整个学校是无序的。但是，教师的课堂管理技巧常常被认为是与其个人有关的，很少人会去想到其会影响学校。一个难以控制的课堂不仅仅影响了几十个人，同时影响了整个教学楼并且让学校培养更积极氛围的努力付诸东流。

规则和过程

有很多研究文献探讨了安全、有序、积极的学习环境对学生学术和社会发展的重要性，建立清晰的规则和程序来确保这样的环境能够帮助教育者在学生中促进助人行为。

所有的人类社会在制定了规则来组织互动、确保公平，为所有人创造一个安全的环境时，就常常会繁荣昌盛。我们的课堂也不例外，我们对孩子们使用的规则常常分为相同的三类：我们组织互动（“举手”“听同伴说”），确保公平（“轮流”“尊重别人”），为所有人创造一个安全的环境（“求助”“做完后把材料收走”）。当问起学生想要什么类型的老师时，他们一直提到的是那种“在行使教师权利时不死板、不恐吓、不惩罚”的那种老师。学生期待有规则，他们只是想要规则公平些。

有效的课堂规则应该反映学校的价值观念，要简短、用语积极、数量合理，要张贴在教室里显而易见的地方。尽管大多数教室在墙上张贴了规则海报，但是这些海报常常变成了整体教师设计的一部分，就像墙上白板上面贴的字母卡片一样。教师可以在开学第一周和学生一起讨论这些规则，但在这之后就很少使用了——这往往是因为教师没有考虑过潜在的必要过程。深思熟虑的老师会主动考虑可能发生的事情并制定程序来解决问题，例如，很难想象哪个教师不需要处理下列基本情况的程序过程：

- 进出教室。
- 参加大组讨论。
- 交书面作业。
- 管理材料。
- 清扫。
- 获得帮助。
- 缺席后回到班里。
- 去卫生间。

精心制定的程序过程与课堂规则和学校价值理念相一致，因此，我们喜欢宽泛简单的规则，下面三点尤其吸引我们：

1. 照顾自己。
2. 互相照顾。
3. 照看这个地方。

见表3.1的例子，说明了某些程序过程是如何与这三点规则保持一致的。

表3.1 程序过程与规则相符的例子

规则：照顾自己	规则：互相照顾	规则：照看这个地方
程序过程： ■ 交纸质作业 ■ 获得帮助 ■ 缺席后回班 ■ 离开教室去卫生间	程序过程： ■ 进教室和回教室 ■ 参加大组讨论 ■ 帮助他人	程序过程： ■ 管理材料 ■ 清洁

—— 牢记自律 ——

正如我们之前所述，我们的学术、行为和纪律努力应该集中在培养自律的学习者上，这些学习者逐渐提高能力来独立管理自己的生活。但是，自律是试错的产物——错误有助于完善。如果课堂程序过程不支持自律，学生就会带着错误的观念离开学校，认为自己的生活是由外力控制的，而不是自己行为的结果。

在制定过程程序教导学生自律技能之前，重要的一点是实际评估学生的发展需求。年纪小的学生比年纪大一些的学生需要更多的支持和监督，应该逐渐给年纪大一点的学生更多的空间进行自我管理。不幸的是，初等教育阶段的过程程序并没有比低年级的宽松，这就表明了这些过程程序更多的是关于权力和控制而不是关于创造一个有序的环境。例如，要求年轻人在去卫生间之前要先问一下，对这样要求的需求我们不能不闻不问。这很丢脸——马上要毕业的年轻人应该被给予足够的尊重来独立处理这种事。我们理解走廊上学生太多是有干扰的，因此，在一段时间内我们要求出教室的学生不能多于两名。但是为什么我们不让学生自己谨慎选择什么时候该出去？也许他们在离开时可以在门附近的白板上写下自己的名字，这样我们就知道他们在哪里了。如果任何学生滥用了这项特权，就要找其谈话，但是这也没有理由影响整个班的学生。

我们学校有一个专门供高年级学生使用的报告厅，卫生间就在附近供学生使用。报告厅的课程上三个小时，所以学生都知道在课程中明智地选择时间点休息一会儿。这是我们在开小会、大会和职业发展课程时使用了无数次的一种生活技能。在照顾到个人需求的同时又不耽误手头的工作，这种能力至关重要。你能想象自己在上班时举手要求去卫生间吗？

下面有几个教师用来保持课堂平稳有序的课堂过程程序的例子：

■ 一位幼儿园老师播放一首两分钟的“清扫”歌，学生伴随着歌曲一边唱一边在歌曲结束之前把自己的东西收拾起来。

■ 一位三年级教师让学生一进教室就把书包放在教室后面墙上的储存格里。学生知道自己的书包不能放在书桌上，可以在课间从书包里取物品。

■ 一位六年级教师有一个档案袋叫“我们错过了你”，是为缺席的学生所设的。每天，由一名指定的学生收集一份额外的课堂材料、讲义和笔记，把这些材料放到对应的文件夹里。档案袋里的材料存放两个星期，当缺课的学生回来时，他们知道去找档案袋拿到他们需要补上的材料。

■ 一位十年级老师则使用餐桌帐篷，一面印着“工作中”，另一面印着“准备好了”。学生根据自己的状态把帐篷翻到合适的一面，他们知道自己正在解决手头问题时的表现要不同于已经准备好解决另一个问题或者准备好听老师点评的表现。帐篷也让老师知道哪个小组已经完成了任务，当一组学生把卡片翻到“准备好了”，就提示老师要去找这组学生讨论他们要做的任务。

标准的操作程序首先为学生提供了清晰的预期。过程程序不必每个班都一样，但是当班级相同时，学生就知道从学校的每位教育者那里期待什么了。下面有几个关于全校范围甚至学区范围内的程序过程的例子，这些程序过程与恢复性实践是一致的：

■ 在加州的贝克斯菲尔德，你可以去任何一所中小学说“上课了，上课了”，学生和老师会回答说“好的，好的”，然后扔下手头正在做的事情注意听你说。

■ 在玫瑰岸小学，所有学生都会用手势表示他们听不到讲话人说的话，或者用手势表示自己是否同意正在说的事情。学生在回答问题时，也要求站立回答。当学生这样做时，班上其他同学用老师监督的手势指引讨论（例如，“马克，我看见你不同意了。你能告诉我们为什么吗？”）。

■ 在麦迪逊高中，老师有一个准备好的程序过程让学生开始做任务。在说了“给我倒数5个数”之后，他们就会从5倒数到1，在倒数完毕前学生们知道必须做手头的任务。

● 教学和再教学过程

规则和支持程序一旦建立，就需要周而复始地教给学生。例如，小学教师可能需要定期做出这样的示范，像正确削铅笔或者参加课堂讨论。当老师看到学生忘记了这些过程或者对老师关于这些过程的解释有疑问，就是再次教学生的时候了。

放假回来的第一天是和学生复习程序过程的好时候，也是修改不适合学生的程序过程的好时候，因为课堂环境发生了变化。聪明的做法就是要定期检查对过程程序的理解并就过程程序的有效性听取学生反馈。

持续的高期待

在一个经典实验中，给了老师们一些学生的名字，并告诉他们这些学生由于智商高可能比他们的同学表现得更好。实际上，这些学生的名字是随机选择的。在研究结束时，再次测试所有的学生，结果令人惊讶：那些随机选择被认为高智商的学生分数要高于同伴。

很明显，老师对学生能取得什么成绩的期待能使事情有很大的不同。在过去的五十年中，研究人员一直在探索老师期待对学生成绩的影响，他们已经发现，虽然整体上作用有限，但对于那些来自贫困家庭、少数族裔或者学习有困难的学生来说，这种影响更重要更持久。

另一个展示教师期待对成绩长期影响的研究跟踪了1000名低收入家庭的学生，从他们出生到15岁。让学生一年级的老师给每个学生的数学和阅读能力按1～5进行打分，5代表能力最高，然后研究人员把这些评分和学生一年级的标准化考试成绩进行比较。毫不令人惊讶，老师低估了一些人的能力而高估了另一些人的能力。九年后，研究揭示相同的学生仍然正在被低估或者高估，这表明教师的期待可能会有长期持续的效果。

90%的教师报告说自己对所有学生都有很高的期待，他们也有效地传达了自己的期待，但是只有68%的中学生认为自己的老师相信他们能考上大学。我们每次和学生互动时，都要向他们传达自己对他们的期望。当我们帮助有困难的学生时，我们告诉学生我们认为我们现在所花的时间是明智的；当我们鼓励学生报名参加AP课程（大学先修课程）或是努力获得荣誉学分时，我们告诉学生我们看到了他们的潜力；当我们再次肯定他们的梦想时，我们告诉学生他们的抱负是有价值的。

当学生达成了老师对他们的期望，老师应该有准备好的课堂程序过程来肯定学生的成功。这里有一个例子，八年级教师弗朗西斯科·雷耶斯每周五在下课前都会让学生围着一个成功罐坐成一圈。每次会有一名学生分享自己在本周取得的成绩，他们也把这个成绩写在了记事卡上。分享之后，每个学生把自己的记事卡放进罐子里。雷耶斯先生根据这些卡片记录来规划下一周与学生的谈话。“当我的学生没有表现出自己的最好水平时，我会把记录从成功罐中拿出来，提醒他上一周是怎么做的，”他告诉我们，“我认为这提醒了我和学生他正在做的是积极参与自己的学习。”

我们把我们学校的中学生称为学者。在开学的第一周，学生就知道了这个词的意思——博学的人、知识分子。他们被尊为英语学者、健康学者、艺术学者、科学学者、历史学者和数学学者，他们整天听到的都是高期待的语言。每个学生都有自己的学习计划，每个学季学生和老师见面制定设定学习目标：提高成绩、登上光荣榜、完成未完事项，等等。

日落崖小学的教师们有一套现成的对学生的期望，被称为SPARK，这个词代表着：

- 安全。
- 富有成效。

- 一贯负责。
- 尊敬人。
- 善良。

老师根据这些期望制定规则和指标，这些期望在教室、午餐室、操场上甚至是卫生间里都清晰可见（例如，在卫生间里“一贯负责”包括洗手和冲马桶）。保持清晰的期待并在全校范围内使用相同的语言让日落崖小学的教师能够指导学生行为，在学生没能达成期待时为学生提供辅导。正如一位一年级教师所说：“让学生先知道对他们的期待是什么比抓到他们犯错再制定规则处理要简单得多。学生值得知道我们期待什么，我们对他们作为公民的期待值是很高的。”

教师感知的价值

课堂规则、程序过程以及期待通过一系列的行为传达给学生，这些行为统称为教师感知。这类行为包括回应学生的学习需求和情绪需求、关心学生、鼓励学生参与并进行学术冒险，并且当学生需要时安慰学生。问学生最想要一个什么样的老师，学生的回答可能反映出这些行为。事实上，在任何关系中都需要这些行为：有人关心我们、挑战我们、当我们受伤时安慰我们。

三年级教师海伦娜·基奇纳每个学年开学都会问学生：“你们想要老师做些什么？”她和学生一起写出双方都同意的学生对她的

期待。“这帮我理解了他们重视什么，并且让他们知道我会对他们的期望负责。”她告诉我们。然后全班重复这一过程回答这个问题“老师想让学生做什么”得出的期待成为本学年的课堂契约，该契约由相关各方签字并张贴在明显的地方。

- **学生想让老师重视他们**

学生不想被轻视，或者使他们感觉到自己的问题在与大人的问题相比时是那么微不足道。你还记得当你第一次心碎而大人却哈哈大笑时你的感受是什么吗？“这只是初恋，你会挺过去的”？或者年长的人不断提醒“这是你人生中最好的日子，所以你要好好享受这段时光”？成长的烦恼很深刻也很纠结。用心聆听，给予安慰和鼓励，牢记这些小小的善意不会被遗忘。

在我们学校，如果我有几分钟空闲时间，就会站在学校众多标有“我怎么才能帮助你？我有时间”标识的地方，准备好和学生交谈。因为学生知道这些地方在哪里，所以就可以于愿意的时候在课间过来。对这个程序，没有正式要求，但是学校希望老师定期抽出时间这么做。通过即兴谈话，教师和学生都在彼此关系建立方面有所投入。

- **学生想让教师挑战他们进行思考**

相反的观念是，学生想要学习——他们想要感受到自己的时间没有荒废。当学生提出自己的观点时，教师应该问："你为什么这样认为？"如果学生进行了简短回答，教师应该促使他们继续说（"再告诉我一些"）。当别人想知道我们的想法时，我们都会很感激。很重要的一点，教师要为学生提供机会研究问题：因为以问题为基础和以项目为基础的学习原则是基于探究的，学生常常会得出不同的解决方法，这为讨论和经过深思熟虑的辩论提供了更多的动力。

初级代数教师本·卡拉瑟斯给学生挑战，让他们证明自己的结论是正确的，并且让他们参加公开辩论。"我几乎每天都给学生出一道很难的数学题，"他告诉我们，"我管这叫'你是法官'。通常是一道答案错误的演算例子。我给每桌学生一个小木槌，然后我让他们思考哪里出了错，为什么；当他们认为已经有答案了，就敲木槌宣布，'法庭有裁决！'然后他们和我们其他人分享论据，之后我们自己思考衡量。"

- **学生想让老师使他们更有自尊**

没有方法比让学生做领导者更能有效改善学生行为，聪明的教师会积极寻找方法让学生负责任。小学教师常常每周让学生轮换班级工作岗位，例如物资管理员或者小组长。高中教师确保有很多机会来负责任（从英语的推荐书单中选书，或者在生物课上提出一个研究课题）。让学生有"选择和发言权"，帮助他们持续概念化自己是谁。

学前班教师莫雷诺女士每周会挑选一个孩子作为她的“本周之童”。学生和其家人挑选几张照片和一些有意义的物品，莫雷诺女士把这些放到陈列柜里并贴上关于该生的一些描述（例如，生日、最喜欢的颜色、兄弟姐妹的名字或者宠物名字）。然后学生和同学们分享自己的故事，回答问题。“所有的孩子都需要有机会告诉别人自己的情况，这也会让其他人提问。”莫雷诺女士说，“我不需要他们分享自己的个人物品，我更想让他们看到他们最有价值的财产就是他们自己。”

- **学生想让老师知道自己会不同凡响**

教室之外的慈善行为能够帮助在师生中建立起一个团体。这些慈善行为可能有很多不同的表现方式，从偶然的善意行为到集资的努力，献血以及社区活动。事实上，很多高中把社区服务作为了毕业要求之一。学生看到自己的贡献如何使别人的生活得到改变，这会使他们很受益。

哈蒙先生六年级的学生使用班级维基百科张贴“求助”以及“提供帮助”告示。无论是哪一天，学生都能检查维基百科的“提供帮助”部分，看看他们可以向谁寻求帮助辅导功课。如果没有人能帮忙，他们可以贴出“求助”告示。一个叫索菲亚的学生张贴了下面的告示：“太多要做的了，有没有人能帮我排出优先次序？我就是需要谈一谈，这样我能弄清楚哪个任务应该先做。”不到一个小时，她得到了贾斯汀的回复："是的，我洗耳恭听，但是你能帮我检查一下数学作业吗？"索菲亚和贾斯汀知道自己的行为很重要，他们能对同伴产生影响。

范围更大一些，阿姆斯特朗女士班里的学生每月参加社区服务，例如为流浪者提供餐食、海滩垃圾清理。学生知道自己的行为使他人受益，并且自己是社区的重要成员。

- **学生想让老师帮助他们设立目标**

让学生为自己设立目标能够激励他们学习并且帮助他们培养自我感知。然而，学生需要了解目标有三个维度：掌握、表现和努力。中学数学教师艾迪·加尔萨有一套现成的程序来帮助自己的学生设立目标，"在每个单元开始时，我让他们填一张简单的表格，其中包括了他们想要得到的分数（表现），还包括至少两个学习目标（掌握），以及他们打算用来完成这些目标的时间（努力）。"他说。加尔萨先生把学生的目标贴在教室里，每周和每个学生简短地见个面检查一下他们的进度，"这样做使我和学生们讨论的焦点发生了变化转移，"他说，"不用我滔滔不绝地告诉他们要做什么，我们能够谈论一下他们为自己设立的目标。这促进了自主权，也使我的角色从唠叨转换到支持他们的目标。"

- **学生想让老师感觉到自己是重要的**

六年级教师托妮·奥利里在教室门外放了一块板子，标题为“学生聚焦”。每天，她贴出一张学生照片，照片是开学第一周收集上来的，和照片一起还会贴出一张简短的手写字条，描述了学生完成了什么——通常是为班级团体做出贡献的形式，例如，在讨论中提出好想法，或者在任务中帮助同学。对于奥利里女士来说，这个简单的过程提醒了她去辨识每个学生，思考积极经历，“这对我和学生都有好处，”她说，“这提醒了我要留心当天发生的所有好的事情。”

- **学生想让老师培养他们的兴趣**

衡量我们和他人关系的一个标准是他们了解和支持我们兴趣的程度。四年级教师安吉丽娜·帕威雷克让她的所有学生完成她设计的一个“提供帮助”调查，在调查中要求学生总结自己的兴趣和擅长的领域，然后把结果贴出来让其他人看。如果学生得到同学的帮助，要求在贴出来的调查中留言为他们背书。“我把这个叫作安吉丽娜的名单，”帕威雷克女士说，“有些学生帮忙扔足球，还有些学生帮忙拼写。我能更好地了解他们，因为他们明确了自己的兴趣。”通过建立一个程序来了解学生兴趣并在整个学年中定期使用，帕威雷克女士创造了一种和学生建立关系的渠道。

● **学生想让老师开发自己的创造力**

六年级科学教师艾伦·温赖特每周会在教室的布告栏上贴出“本周问题”，同时会附上便利贴和铅笔让学生在解决问题时使用。问题可能或大（例如，减少我校碳排放量）或小（例如，想出老师收发资料的最好方法）。每个周末，温赖特女士和全班同学一起回顾学生的想法。

“我想要确保我的学生们看到了他人的想法，因为这些能激发新的想法，”她告诉我，“我喜欢自己能够积极描述学生们，我知道他们很高兴能受到关注，我很惊讶他们能变得这么有创造力！”

● **学生想让老师激发他们展示出自己最好的一面**

学生不可避免地会让我们和他们自己失望，有些学生比其他学生会更频繁一些。我们对此的反应常常是长篇大论地教育学生，但是这种方法很少管用（南希二年级的外孙因为一天上课时扰乱课堂秩序被老师长篇大论地教育了一番，晚些时候，父母问他老师跟他说什么了，他回答：“我不知道，但是说了很多话”）。最好以下面的句子开始与学生的谈话：“这不是我认识的学生名字，发生了什么事？”这样一来，我们承认了问题行为而又没有与性格缺陷相关联，并且我们让学生来引导谈话。

分析有问题的行为

当发生了问题行为，此时此刻考虑如何对此做出回应是最糟糕的，但这是常常发生的。我们发现自己表现得很生气并斥责学生，学生把头埋进手臂中并且整节课都是如此。或者我们可能选择忽略问题，因为我们累了，现在是周五的下午两点三十七分，我们决定就等放学下周再考虑这个问题（当然，我们从没有去考虑）。

行为是我们如何向世界传达自己的愿望和需求，我们使用面部表情、行动和话语来表达我们是如何处理所有获得的信息。我们的学生大脑飞速运转来决定他们应该注意什么及应该过滤掉什么："走廊里有声音——我能忽略它吗？老师正在指着白板上的东西讲课——我应该看那里吗？"

● 行为链

作为教育者，我们应该寻求识别行为方式，这样一来我们就能够正确预期学生行为。如果一个学生在一堂课上捣乱而在另一堂课上没有，那么他或她正等着我们注意到这个模式。不幸的是，我们很少能够全神贯注地去分析一个学生的行为，重要的是要理解在一个特定行为前后发生的事情和行为本身一样重要。这一连串的事件被称为行为链：行为出现之前发生的事情，行为本身，以及行为的后果。

行为出现之前发生的事情激发了某种行为。有时候需要一点时间发展成该行为：例如，安德鲁可能会在学校吵架，因为他对昨天晚上和父母的争论还感到很生气，这被称为慢诱因。快诱因是指那些立即引发某种行为的事件，这些通常比慢诱因更明显。例如，托马斯在午餐桌上羞辱了安德鲁，安德鲁则回之以咒骂并出拳打了托马斯。在这个案例中，传统的处理方法是让两个学生停课三天——但如果这是安德鲁对在家与父母吵架的一种延迟反应的话呢？停课远远不足以解决冲突的根源（即学生和父母吵架的慢诱因）。三天后，两个男生返校，什么也没有解决。

有些行为的结果是即时的（对侮辱自己的人拳脚相向），另一些行为的结果会延迟（让参与打架的学生停课）。结果的逻辑并不是很明显的，特别是一开始时可能会很难解释该行为。传统的方法是告诉学生他们通过不当行为“选择了”该结果，然而，孩子和青少年并不具备成人那种能够预期自身行为后果的能力，尤其是在情绪波动时期更是如此。

记住结果突出了行为的预期作用：我们都以某种方式表现，或是要获得什么，或是要回避什么。这就是为什么“菜谱”式的行为管理方法是远远不足的，甚至可能会导致弊大于利。如果我们只注重行为而不考虑其前因，那么我们就无法以任何一种有意义的方式来处理这些原因或功能。寻求一种行为的功能与为该行为找理由或是使该行为合理化是不相同的，相反，建立预期作用阻止了我们辨识无意识加强该行为的结果。如果我们没能检查一种行为的前因，我们就错过了找出其内在问题的机会。正如西塞罗在两千多年前所写：“事件的原因远比事件本身更有意思。”

我们再来看一看安德鲁的例子。如果他的行为功能是因为对自己和父母感到沮丧而逃学，那么三天停课对他是有好处的。但是安德鲁本可以用一种伤害更小的方式来解决自己的麻烦事，例如，一个可以信任的成年人本可以为他提供一个情感上安全的地方来发泄，这样本可以防止最终与托马斯打架。即使未能阻止打架，结果也可能是不同的，也许更多地注重在两个男孩之间使用恢复性实践，这能使两个孩子使用建设性工具来应对自身的挫折。

还有一个没有那么戏剧化的行为链例子。南希和一位第一年参加工作的老师在教室里，这位老师不知道该如何处理三个四年级的学生，他们总是从座位上起来干扰课堂。学生并不是存心使坏，他们的同学似乎也没有被他们的所作所为干扰到，但是老师要一次次地让他们回座位，这使老师很崩溃。老师知道对抗可能会使情形恶化，但他不知道自己该怎么做。南希观察了三个孩子，注意到当内容变得更有挑战性时，他们的干扰行为就会加剧。很明显，他们行为的前因是引入了一个更难的任务，而预期作用就是躲避，他们技能或表现的差距可能就是问题的来源。

在布莱恩·帕特森给全班布置了一个合作型任务后，他和南希跟三个男孩悄悄交谈。老师确保把学生的行为和他们的性格进行区分（“这不是我对你的期待，你不该是这样的学生”），并且承认自己怀疑的前因（“好像当任务变得更难一些你就会站起来在教室里面走动，是不是”），然后老师提出解决办法（“我会特别注意在解释任务之后先来到你们桌旁来答疑。这样一来，你们可以需要问多少问题就问多少”）以及一些鼓励（“我希望你们今天成功，我知道你们也想成功。我们一起努力使之成为可能”）。事情并没有在南希和老师干预之后立刻奇迹般地好转，但是，在这节课剩下的时间里，这三名学生的行为明显地变得更好了。

培养尝试找出一种行为预期作用的习惯能够为老师提供决定怎么去干预的框架。表3.2展示了一个决策矩阵，用来决定行为是否需要立即或延迟干预，以及可能的回应方式。

有时候，教师需要查看进行中的问题行为，看看他们是否能够帮助学生采用利他行为。在这些案例中，老师可能使用更正式的功能行为分析过程。虽然对于功能行为分析的全面探索并不在本书探讨的范围之内，但是值得注意该过程的一些有用元素。其中一个元素是散点图（见表3.3），教育者可以用来识别与行为相关的模式。表格还可以分成10分钟、15分钟或者20分钟间隔，或者如果问题行为不是那么频繁，还可以分成更长的时间间隔。散点图对于识别行为频率和严重性是非常有用的，可以用于评估行为支持计划的有效性。

表3.2　回应问题行为的决策模型

该行为的功能是什么？	这有必要进行立即干预？（答案“是”表明需要立即干预）	干预应该推迟或者延期？（答案“否”表明可能需要推迟干预）	干涉方式有哪些？
■ 社会关注 ■ 获得一些东西 ■ 避免 ■ 躲避 ■ 权利或者控制	■ 不当行为有害吗？ ■ 该行为使他人分散了注意力吗？ ■ 该行为会蔓延吗？ ■ 学生是否在测试体系？	■ 我掌握了所有事实了吗？ ■ 学生思想上接受了吗？ ■ 我思想上接受了吗？ ■ 这是一个独立事件吗？	■ 离得更近些 ■ 暗示 ■ 重新定向 ■ 替换 ■ 减少 ■ 重新定位 ■ 忽略 ■ 加强
为什么？	什么时候？	什么时候？	怎样？

散点图的一个内在局限是不提供关于前因或者后果的任何信息，为此，人们常常把散点图和一个工具一起使用来记录观察到的行为（见表3.4）。例如，在分析一个一年级学生的吐口水行为时，老师注意到学生在同学忽略他时常常向同学吐口水，老师决定集中努力教学生如何获取同学的关注而非因为他所做的行为而惩罚他。

表3.3 散点图模板

学生：________________ 年级：________________

学校：________________________________

日期：________________________________

观察者：________________________________

关注的行为：________________________________

额外相关信息：________________________________

使用条码（如果有）：________________________________

设置或班级	次数或间隔	天/日期	天/日期	天/日期	天/日期	天/日期	观察到的总的次数

观察笔记（例如，行为发生的特殊情况，引发行为的特别前因，次数/条件在此条件下行为没有发生，观察到的模式）：

____

____

____

表3.4　观察到的行为调查

学生：__________　　日期：__________

观察者：__________　　时间周期：__________

日期	时间	学生到底做了什么？在哪里和谁？	在行为发生前学生正在做什么？	思考行为的交流目的：心情、生病、变化、过度、控制、不舒服、沮丧等	行为持续多久？	教师对学生行为的回应是什么？	学生对教师的回应是什么？

直接就学生的行为询问学生常常非常奏效，因为他们可能没有意识到这是一个需要关注的原因或者他们可能对此有一些有趣的见解。表3.5展示了一个调查样例，教师可以用来从学生那里收集关于他们行为的有用信息。

表3.5　学生调查样例

为了更好地理解教室内外发生的事情，我们正在收集信息，我们需要您的帮助来获得准确的描述，请尽可能开放公正地回答下列问题。

问：你认为校外发生的事情影响学生在班级的学习和表现吗？如果是，怎么影响的？请提供一个例子。
答：______________________________

问：大多数学生会受到学校某个人或事的干扰，干扰你的是什么？
答：______________________________

问：你最近因为在校做的事情受到了惩罚或者训斥吗？请解释发生了什么。
答：______________________________

问：（目标行为）怎么样？上一次或者其他时候你做出这种行为时发生了什么事？在你做出这种行为之前发生了什么，或者是什么导致你做出这样的行为？
答：______________________________

表3.5　学生调查样例（续）

问：在你做出这种行为或者其他学生表现的与期待背道而驰后通常会发生什么事?

答：____

____

问：你认为对你的期待是什么？结果公平吗，为什么?

答：____

____

问：对于（某个主题/教师/学生）你觉得如何?

答：____

____

问：你认为（某个主题/教师/学生）觉得你如何?

答：____

____

问：当你按照别人期待的那样做时发生了什么？应该发生什么?

答：____

____

问：因为（行为）你获得了什么结果？你应该得到什么样的结果?

答：____

____

问：你能想出在校的任何一种如果可能你真的想要回避的场合吗?

答：____

____

问：你能想出你希望发生却根本没有发生或不经常发生的事吗?

答：____

____

表3.5 学生调查样例（续）
问：说出一两种你希望在学校有变化的事情。 答：________________________________
问：说出一两种你希望在学校外有变化的事情。 答：________________________________
问：说出一两种你希望自己有变化的事情。 答：________________________________

老师一旦收集了足够的关于学生不良行为的数据，就可以回顾这些数据从而获悉行为模式和建议。如果教育者不确定一种行为的作用或者不确定怎样才是最好的处理方法，可以考虑运用以下句子框架：

- 当行为发生时，通常是在________的背景下，之前的诱因是________。
- 学生对诱因的回应是________（描述该行为）。
- 行为结果通常是________，其作用为________（描述行为满足的需求）。
- 行为作用可能是________。
- 行为可能是________（描述技能不足或表现不足），因为________。

一组中学教师使用句子框架来决定如何回应常常离开班级的学生。里卡多可以自行休息，这是他的个性化教育计划的一部分，但是他滥用了该特权。他的老师立即终止了他所有的自行休息，但这只是使里卡多的不当行为范围扩大，从口角到在桌子下面哭泣到侮辱同学。当老师进一步分析问题时，他们意识到里卡多需要休息，但是他们没有把对他的期望跟他说清楚，他们也意识到里卡多利用休息来获得某些老师的注意（里卡多喜欢与别人分享他生活中的故事，经常一遍遍讲同一个故事）。

作为计划的一部分，老师们决定限制里卡多的休息，安排时间让他和自己选择的成年人见面以便他能与他们交谈（见表3.6）。在实施计划三周内，里卡多不再从课堂上谋求休息时间。每天他和自己选择的教师见面，会受到老师的全面关注。最好的是，他在班级的成绩有所提高，这减轻了他的压力，减少了他谈论获得低分的需求。

升级和降级

我们提供的最重要的意见就是尽可能地避免事件升级。通常情况下，成年人变得非常对抗并且很强势地行使自己的权利。沃尔夫冈建议教师基于问题的严重性或强度来逐级对问题行为进行回应：

表3.6 里卡多的支持计划

期待：在所有的课上时间，通过两次休息保持待在教室中。

手机和iPod使用：手机或iPod一到学校就交给马西森女士。如果里卡多不上交手机和iPod，就会给他家里打电话，在与家长会面之前不允许他把其带到学校，请家长来学校取回设备。

教室休息要求：

- 如果有需要，每节课中间可以到教室外面休息两次，每次5分钟。
- 里卡多告知教室里的教师，教师会陪他休息。
- 教师会示范并教里卡多如何恰当地休息，休息时的教师辅助会逐渐减少。
- 鼓励里卡多学习如何在教室内休息，但是如果他希望，仍然允许他在教室外面休息。
- 如果里卡多希望与另一位教师谈话，他可以在课外与老师预约。
- 要求里卡多在午餐的前半段时间与一位老师面谈，如果他
  ——没有告诉老师就离开教室。
  ——休息时离开老师。
  ——一节课休息多于三次。
- 只要里卡多缺课时间多于两个5分钟的休息时间，就要在整个午餐时间与一位老师见面。如果他需要的见面时间超过午餐时间，放学后他将与一位老师面谈。
- 记得里卡多的强化因素之一是关注，因此，我们必须记住如果他在午餐或者放学后与老师见面，我们应该确保见面时间没有强化他的不当行为。里卡多在这段时间不应该与同学或者其他老师互动，相反，他应该完成落下的功课。如果他想要讨论问题或者情绪问题，他需要在计划时间做这件事，在这段时间只能讨论关于完成落下的功课和所需的提示。

每日强化：会把每日强化加到计划中，包含了里卡多的表现。

教师期待：每天会派一名教师去里卡多的每节课，这位老师可以和他一起休息，如果必要的话，和他一起吃午餐。分派的老师会监督并记录里卡多休息的次数和时间。

1. 看——进行眼神交流或使用简单的肢体语言。

2. 点名——悄悄跟学生说，识别问题行为。

3. 质询——问学生他或她现在应该在做什么。

4. 命令——告知学生现在需要做什么，不要做出该问题行为，如果不遵守可以告知后果。

5. 指挥——老师肢体上阻止问题行为发生（例如，分开正在打架的学生）。

有些情形要求老师几乎不作为，而有的情况要求老师适度行使权力进行控制。在这些案例中，教师指出了不当行为，并说明了该行为是有问题的，并且指明了教师所期待的代替行为。回想一下我们早些的案例，是一位一年级教师的班里有三名干扰课堂的学生。如果在老师第一次干预之后，学生的不当行为仍然持续出现，那么老师可以再次干预用更加命令式的方式来进行处理：

当你离开自己的小组去干扰其他小组时，你正在干扰他们的学习！更糟糕的是，你自己也不可能学习。你需要待在自己的小组内，当遇到困住你的问题时向我示意，我可以给你所需的帮助。我向你保证会帮助你，我也需要你给我同样的承诺。

很重要的是要注意到没有任何一种回应方式比其他方式好，相反，他们代表一系列经过斟酌的回应，这些回应会随着情况需要而有所升级。开始的时候控制得很少并且自此系统的升级也没有效果，这可能会导致不当行为愈演愈烈。如果我们先前例子中的教师在开始干预时就高度控制并行使最高的权限，那么他很可能会激发学生的反抗。

布罗克·阿奈兹老师发现自己陷入了困境，在一个实习项目情况介绍环节点名时，他念错了学生名字。该生是一名九年级的男生，他的反应激烈，站起来语出不敬辱骂了阿奈兹先生，他已经做好了打架的准备。阿奈兹先生的回应是向他道歉说：“我不是很确定哪里做错了，但我能看出来肯定有什么不对的，很抱歉我让你难过了。”他没有使用权利和学生争执，要求他坐下或者吓唬他要把他送到校长那里。学生有点惊讶，但是只有一点。阿奈兹先生给多米尼克发了条短信求助，当多米尼克到的时候，他问学生他们是否能够谈一下——学生又回以另一次辱骂。

多米尼克把学生领到走廊上问他出了什么事。“愚蠢的美国人总不能把我的名字念对。”他说。之后两个人讨论了在期待别人念对名字前要教别人怎么念的重要性。过了一会儿，学生感到厌烦了。“我不想来这所愚蠢的学校，”他说，“我不想当医生，我妈妈让我来这里就是因为我兄弟。”

多米尼克问学生他真正想做的是什么，了解到他想成为建筑师。

“你知道，我们医院合作方有完整的工程系，”多米尼克说，“你认为你会对这样的实习感兴趣吗？”学生很惊喜地给予了肯定回答。

“那么，我们可以让阿奈兹先生把你安排到那里，”多米尼克说，“但是首先我认为我们需要和他谈一下。”

“是啊，那很糟糕，”学生说，“但是他念错了我的名字，我很讨厌这一点。”

不久，多米尼克、阿奈兹先生和学生见面。学生道了歉并解释了为什么生气。在谈话中，阿奈兹先生说：“我听到你说的了，人们有时候把我的名和姓一直都搞错了。我没有不尊敬你的意思，但你说我们是愚蠢的美国人时伤害了我的心。我刚才正试图确保你已经准备好实习了，这样就不会在实习时因感到困惑而不知道去哪里。”

在上述例子中，阿奈兹先生使用了下面的技巧，对于防止情绪化情况升级特别有效果：

- 温柔而低声地说话。
- 承认并说出学生的感觉。
- 避免突然移动，提前说明一个人的移动这样不会惊吓到学生。
- 把手放在学生能看见的地方（但是不要把手放到学生身上）。
- 不要把学生的情绪爆发和评论认为是在针对自己。

知道如何缓解学生行为是课堂管理的重要组成部分。作为学校中的成年人，我们要考虑如何最大限度地使紧张的情况正常化而不要总是考虑自己的自我。

—— 学生心声：可以再有一次机会 ——

中学生豪尔赫有一天上学时穿着一件T恤衫上面写着“龙舌兰

让我做坏事”，这件衣服很明显地违反了学校的着装要求，而着装要求已经多次清楚地传达给他了。着装要求上说：“问自己这个问题：你穿的衣服是否表达了对你自己和学习环境的尊重？”

在一些学校，老师要求穿了违反着装要求衬衫的学生将衣服里外颠倒来穿。这样做时，学生的同学常常会注意到并且认为他们把衣服穿反了，害怕这样的羞辱使得一些学生拒绝把衬衫里外颠倒。对豪尔赫就使用了不同的方法，学校管理人员告诉他可以穿一件学校荣誉衬衫来替换这件龙舌兰衬衫。虽然有点不情愿，但是豪尔赫同意了。“我只是要问问你妈妈这样是不是可以，”管理人员说，“你能不能快点给她打电话这样你就可以上课不迟到了？你没有任何麻烦，但是我想确定她同意这个更换。”当豪尔赫的妈妈听说了这件有冒犯性的衬衫时，她很尴尬。“我根本不知道他有那样的衬衫，”她对管理人员说，“是的，当然，换了吧，你拿到衬衫后可以把它烧了。”

当天晚些时候，管理人员听到豪尔赫告诉他的朋友他是怎么得到他穿的这件酷酷的衬衫的。

“是啊，我可能会有很多麻烦因为我做了个错误的选择，”他说，“但是（管理人员）就是再次告诉我期望的是什么，然后确保我能遵守，你要遵守。规则就是规则，但是你可以再有一次机会。”

4

CHAPTER

第四章

阻止和管理冲突

任何学校的气氛都反映了三种主要的阻止和管理冲突的实践：维持和平、调停和建立和平。这些实践在各个学校实施时程度和效力的不同解释了为什么不同学校的氛围会有这么大的差别。

对于我们失去的人，我们很难忘怀。几年前，在我们知道恢复性实践之前，一个十年级的学生，我们管他叫菲利普，来到了我们学校。从上学第一天，他就让大家知道他的存在：他亵渎并且有敌意，他利用自己高大的身材吓唬别人。尽然他从来没有和我们有过肢体冲突，但是他很清楚地表示了对学校以及学校里每个成年人的蔑视。他在班里不配合，很快在学生中就有了人见人躲的名声。学校管理人员用一般的方式加以回应，先后哄他、和他商量、孤立他以及让他停课，但是没有一种方法管用。和菲利普爸爸开的家长会也以失败告终，这表明了菲利普的行为反映了他的教养。不到六个月，菲利普退学了，因为他家搬到了新的公寓，坦白讲，我们都为此松了一口气。

但是道格和菲利普保持了联系，菲利普的求学之路很坎坷：他定期会被停课，转学了几次，但是他努力留在学校并毕业了。菲利普向道格承认说他使自己的生活更困难了，特别是因为酗酒和滥用毒品，但是他想方设法克服了这些障碍。菲利普毕业之后，道格问他成功地毕业了对此他是怎么想的。

“我不知道，”菲利普回答说，“我猜他们就是没有放弃我吧。”

在我们学校，我们确实放弃了菲利普。我们使用了那时候我们知道的方法，当这些方法不奏效时，我们就使用了惩罚。当菲利普用自己的不当行为把我们从身边推开时，我们的回应是使自己和他远离，那个时候我们没有能力和一个很早就学会了不信任成年人的谨慎的青少年建立好关系。当菲利普违反了校规或者教室守则时，我们的回应是停课，好像这样就能“给他上一课”似的。我们经常使用这个词组：给他上一课。我们想让菲利普悔悟，但是我们从来没有教过他怎么做才能从后悔（“对不起，我被抓住了”）到自责（“对不起，我造成了伤害”）到弥补（“我想要恢复我造成的伤害”）到真正的悔悟（“我想成为更好的人”）。没有人因为停了几天课就学会成为更好的人，让学生停课最多只能让他们为自己做的事后悔。回想一下，我们让学生停课更多是一种报复而非教导，我们正在有意地让人讨厌。

如果菲利普今天来我们学校，我们对他的回应会完全不同。每学年伊始，我们让老师们标出可能需要特殊关注的学生，并且把他们的名字加入到“有潜力学生”名单，菲利普很明显会在该名单上。

我们会指定一位学校的成年人与他建立关系并作为他的支持者，其他教师也会试图与他建立关系，建立信任。建立信任的一种方法是使用2×10战略：连续10天花2分钟的时间和学生谈论学校以外的事情。这个简单的策略积极影响了我们学校以及世界各地学校成百上千的学生。

菲利普的老师现在也会获得更好的支持。当菲利普入学后，他参加了课堂管理实践缝床单活动，这种实践每个班级都有所不同。那个时候我们没有注意到保持一系列持续的实践活动的重要性，更重要的是，我们没有准备恢复性实践，因此我们的程序是关于裁定冲突而不是培养社会和情绪成长。虽然教师们肯定会从在自己的课堂上使用恢复性实践而获益，但是这些实践最好能在整个学校持续实施——一项重点任务。

维持和平、调停和建立和平

任何学校的气氛都反映了三种主要的阻止和管理冲突的实践：维持和平、调停和建立和平。这些实践在各个学校实施时程度和效力的不同解释了为什么不同学校的氛围会有这么大的差别。高度倾向于维持和平的学校总是准备了安全措施，试图控制和限制学生自由以此来保持秩序。但是学校不需要金属探测器来重视维持和平，而是通过教室规则和程序设计来确保安全。相反，调停实践主要是对话和解决冲突，特别是通过论坛有意识地引导学生更好地理解自我和他人。在学生伤害他人时，调停手段重视通过惩罚来恢复和赔偿。建立和平是指依靠利他方式来阻止并处理纠纷。

更多地倚重于调停和建立和平而非维持和平的学校试图通过使其成为课程中明显而非隐藏的一部分来试图进行努力改革。调停的努力包括正式的恢复性实践，例如问题解决圈、受害人和侵害人对话以及重要会议。建立和平的努力则融入了课堂中，这样学生形成了一套词汇来讨论自己的观点并思考别人的观点。在教师中，使用语言帮助他人建立身份认同感和自发性的能力是特别重要的，正如给孩子提供他们所需的工具来解决冲突一样重要。

培养恢复性实践思维

培养恢复性思维远比一些人所想的更加复杂和个人化。我们作为孩子、教育者和父母的经历中满满都是对纪律的信任，纪律体现着我们的公平感，这在我们很小的时候就形成了：研究表明15个月大的孩子能够发现食物有没有平等地分给他人。虽然我们关于公平的想法逐年成熟，但我们总是离那个哭喊着“不公平”的孩子不远。当学生违背了我们的期待，我们感觉不公平。

作为教育者，我们也会把自己对于控制的看法用来影响我们的纪律方法。虽然有些老师坚持认为孩子的本质是好的，会在正确的条件下好好表现，但是另一些人认为学生在可能的时候会本能地不学习，需要不断地控制和重新指挥他们。恢复性实践通过让我们把重点从规则转移到关系上来，挑战这种根深蒂固的想法。我们必须摒弃负责任等于惩罚（例如，“给他上一课”）这种想法，要帮助学生取得进步，从发泄到懊悔到恢复（例如，“很抱歉，我想要弥补”）。

授权是恢复性实践的核心，下面的原则证明了这一点，该原则是所有冲突相关各方必须为冲突的解决做出贡献——受害者、侵害者以及任何其他间接受到该冲突影响的人。学生需要有人教导并给予机会来使用自己的问题解决技巧。不使用恢复性实践而等着冲突发生是一个错误——这就是我们以前做的，是一个错误，国际恢复性实践协会识别了一系列正式和非正式的实践。在本章中，我们将重点关注前四个非正式实践：

1. 情感陈述和问题：开发孩子的自发性和身份认同感。

2. 班会：与彼此和小组建立团体和共同的承诺。

3. 非正式教室圈：讨论影响小组的内容和问题。

4. 临时会议：解决课堂中出现的低层次问题。

通过保留更多的正式实践可以恢复受损的关系。在这些案例中，受过培训的协调人领导各个小组解决重要问题，例如语言和肢体冲突、财产损失、使用禁止物品等。我们在第五章将要阐述的另外三种正式实践如下：

1. 正式的课堂圈：解决组内问题。

2. 受害者—犯错者对话：解决冲突，这使受害者可以处理犯错者，使犯错者可以向受害者表示忏悔并做出补偿。

3. 重要会议：包括了受害者和犯错者家人和其他团体成员来评估可能要求司法机关参与的事件。

情感陈述

我们在课堂中使用的语言可能会培养学生的社会及情绪发展或者将其摧毁。我们非常欣赏皮特·约翰斯顿的著作，他关于课堂上语言使用的研究影响了我们在学校的工作。约翰斯顿将语言描述为是基本的和有定位的，意思是语言创造了事实……引入了身份认同感……并且定位了人与人之间的关系。换句话说，我们使用的语言影响学生如何看待自己，反过来，影响别人怎么看待他们。为此，我们要警惕纪律策略，这些策略向别人传达了学生中地位的不同。不管是在表格上移动衣服架子还是使用App来奖励学生点数和扣学生点数，这些策略提醒了他们已经有了等级并且培养了竞争而不是合作的气氛。

● 建立身份认同感的陈述

学生的身份认同感和自发性对于恢复性实践至关重要，因为这影响了学生能够解决问题、在不同情况下行使所有权并采取行动做出改进的程度。建立身份认同感的陈述让学生能够审视自己以及为他们设定的角色。我们根据某种类型的身份（例如，作为英语学者、历史学家或者专业研究者）来称呼学生，学生就会受到挑战，进而思考该身份的特点是否能用于他们自己身上。当我们问学生身份认同感建立的问题时，这些问题都含有标签（“我想知道，作为作家，你为这件事做好准备了吗”），我们在给他们提供一个身份的同时挑战他们拓展自己。当学生表现不好时，老师可以使用恢复性身份标签来把学生和行为分开：讲出“这不是我认识的罗伯特”这样的话，表达了你看到了事件背后的个人。

- **自发性陈述**

这种类型的陈述使学生有信心去行动。这种陈述例如“我能看得出你为这个生物考试努力学习了”和“你努力学习是有回报的”提示学生努力是有成果的。相反，像“你这么聪明”这样的陈述，虽然用意是好的，但却能够麻痹学习者，暗示智商是天生的——耶格尔和德韦克称其为固定型思维模式。自发性陈述不是专门用于积极事件的，考虑下面的话：“我能看到你花时间为选拔赛做了练习，但是这对你来说不管用。你觉得为什么会这样，下次你会怎么做？”这里，大人让学生知道虽然努力本身并不能保证理想的结果，但是他或她的坚持不懈会一直持续到获得理想的结果。

使用“我”的情感陈述和问题使成年人可以避免使用可能会给

学生身份认同感和自发性带来负面影响的标签。我们知道不要对学生说“你是一个坏人”，但是“你那么做让我很生气”也没有好多少，学生能够听出明显的羞辱。相反，像“你没有经过允许就离开教室，我对此感到很生气，因为你被人抓到在走廊里闲逛，这让我很尴尬”这样的陈述把重点转移到了行为上，没有把其一般化为一种永久的性格特征。该声明遵循了一个简单的公式：“当行为或事件因为情绪而发生时，我感受到了情绪。”同样的公式也可以被用来处理积极的情形：“你们在防火安全演习时这么有秩序地离开教室，我因此为你们所有人感到自豪，因为这显示出我们上周的练习很值得。”当教室习惯了使用遵循该公式的声明，不久就会听到学生使用类似的语言。

特拉奇·汉森带的三年级的学生经常使用情感陈述来独自解决问题，汉森以身作则地使用这样的陈述直到学生们养成了习惯。例如，当本撕了艾利克斯的纸，艾利克斯说：“嘿，别那么做。我的意思是，你撕了我的纸让我很伤心，因为我还要在上面写字呢。”本回答道：“对不起，我以为你用完了，我刚才就是觉得撕纸很有趣，要不要我给你拿一张新的？”本来可能发生的争吵最后和平地解决了，没有不良情绪。

高效班会

班会是一个致力于恢复性实践的学校的重要特征，因为他们把班级作为一个整体建立其身份认同感和自发性。通常，这样的会议有下面一个或多个目的：计划和做决策、“登记”并且解决问题或增强意识，学术和社会问题都是考虑的合适话题。班会通常由学生组织进行，帮助学生“受到激励，对自己的行为、学习和参加班级活动负责任”。正如波特和戴维斯所研究得出的那样，八个星期每周三次开班会增强学生的下列技能，如仔细聆听、赞美和欣赏他人、尊敬他人以及建立团体感。

我们不推荐通过班会在学生中解决冲突——那是开会要解决的事情。相反，我们推荐把班会作为和整个班级公开讨论事情的载体，班会规则应该确保教室里所有学生的声音都能被听到。老师在班会中的角色就是协调人，为班级提出要讨论的问题（例如，“我们明天确定要做什么事情以保证我们明天的博物馆之行一路顺利”）。大一点的学生可能在班里简短讨论一下他们觉得最有效的学习策略。随着学生对班会日常觉得舒服了，老师就可以让他们自己主持自己辅助。

小学教师按惯例早上都有每日班会，包括了教师和学生互相问好、分享新闻以及完成日常惯例，例如记下天气或者日期。学生可以利用这些班会认识同伴、提出教室问题并且要求解释问题。有些老师每天放学前开第二次班会，以此简单总结当天事件、讨论学生每日目标的达成情况以及预习第二天功课。例如，幼儿园教师阿希丽·金用班会来预习学生第二天要听的文章，“我常常给学生提供一两个问题让他们问家人在家里进行讨论，”她说，“明天我们将要阅读关于季节变化的文章，所以今天我建议我的学生问自己的家人找出他们最喜欢的季节并解释为什么喜欢这个季节，这些提示让我们所有人第二天早上都有话可说。”

班会在小组内部建立联系和友好关系，从而加强关系，这种关系在整个学年可能都会接受考验。格兰特和戴维斯提供了一个一年级教师的例子，该教师开始注意到她的学生正在分化成两层。为了理解学生中的关系网，她私下里让每个学生说出三个他们愿意课间一起玩的同学的名字，然后她把那些最经常出现的学生名字标为“明星”，把那些从来没有出现的名字标为“孤立者”。接下来的六个星期，她每天开班会讨论学生自己建议的话题。六个星期结束之后，老师再次调查学生们最喜欢和谁在课间一起玩——这一次，没有学生是明星或者孤立者。

通常，开班会时老师要做的第一件事就是确保议程始终如一。例如，中学科学课教师贾妮思·克拉克喜欢每次班会问学生下列问题来重点解决全班正在面对的问题：

- 我们班正在面对的问题是什么？
- 为什么这是一个问题？
- 该问题让你感觉如何？
- 关于这个问题我们能做些什么？我们来头脑风暴一下解决办法。
- 我们最好的解决办法是什么？

高中教师艾瑞克·马塔旁每次班会都使用同类的议程：

1. 宣布开会。

2. 鼓励圈。

3. 旧事项。

4. 新事项。

5. 进行表扬。

6. 结束班会。

马塔旁先生的学生每周至少参加两次班会。其中一个叫莱安德罗的学生，给我们解释了班会对他的价值："我们知道总会有时间来讨论一些事情，所以我们能够在其他时候集中在班级上。例如，有一次，我真的不理解一个大项目，但是我没有压力，因为我知道我们第二天有班会，我可以那时候问，有时间集体讨论很好。"

"有一种我们已经长大了的感觉，"莱安德罗的同学玛莉索补充道，"我们要自己处理事情，我们要做决策，我们要彼此尊重，这样才能听到彼此的想法并做出好的决策。"

在班会鼓励圈这个环节，每个学生都要转向自己左边的人，赞美其成功的地方，这样有助于建立成长性思维模式。例如，一个学生可能对另一个学生说："我看见你在物理课上给新来的学生做讲解来的，这让我也想成为一个更好的人。"

马塔旁先生班会的旧事项部分总是很简短的。在新事项部分的讨论是基于学生写的建议，学生会把建议放在马塔旁先生桌子角上的盒子里。话题建议范围广泛，从座位安排到有压力的作业到野外研究计划。有时候，学生会建议讨论社区里的主要事件，就像最近的一个案子，邻校的一名学生在街头飙车时死亡了。

如果有时间，班会还会继续进行表扬部分，其间学生会公开感谢、认可或者赞扬他人。马塔旁先生班级有一个例子，当卡里姆对马尔塞洛说："我妈妈快去世时我过得很艰难，我非常感谢你支持我，我欠你很多，永远都不会忘记。"我们发现，一旦学生适应了互相表扬后，就会将社区和忠诚的概念植根在了彼此心中和学校里，这是班会中特别强有力的部分。当学生互相认可了，他们就会更喜欢学校并且总是表现出对社区的尊重，最后会安全高效地进行学习。

有时候教师会担心，如果把时间用于班会和其他非正式恢复性实践活动，他们可能完不成教学任务。我们的经验表明，班会确保了学生全天都在真正地学习。非正式过程消除了学生的担心和恐惧，这样他们能够在上课时间集中精神听课。花时间开班会能够形成和平的教室氛围，使得社会和学术学习更好地发展。

非正式教室圈

围成圈来辅助讨论可能是恢复性实践最重要的因素。不像班会那样，在班会中学生可以坐在垫子上或者桌子旁边，而这种非正式的教室圈把椅子朝向里面摆成圈，没有课桌或其他桌子形成视觉或心理障碍，这种摆放安排使学生准备好期待一个较高水平的互动，包括聆听。在这种围圈安排中开小差的行为显著减少，这可能是由于学生对小组责任感的增加，非正式圈用于使学生真实且诚实地回答问题或提示。

为了解决冲突，我们鼓励使用正式圈（在第五章进一步讨论）。我们在第一年采用恢复性实践时学了一课：没有刻意打算，我们唯一使用圈的时候就是解决冲突——在一个月之内，学生们就把“围成圈”（把自己的椅子拖到教室中间）等同于某种纪律问题。多米尼克不久发现当他一走进教室辅助学生坐成一圈，学生就会互相问：“谁做错了什么事？”我们及时地理解了学生需要非正式圈来讨论和冲突不相关的问题。

一个众所周知的非正式圈策略是苏格拉底式问题研讨法，研讨会中，与会者深入讨论一个话题、课文或者学习问题。例如，一堂高中英语课可能会使用苏格拉底式问题研讨法来讨论《杀死一只知更鸟》中汤姆·罗宾逊的审判和死亡以及其他人物的相关过失。类似地，一个四年级的课堂可以使用苏格拉底式问题研讨法来检验《我叫巴德，不叫巴弟》里巴弟关于撒谎的个人原则的发展。非正式圈的类型还包括有序圈、无序圈、鱼缸和内外圈。

- **有序圈**

有序圈对于参加的成员有固定顺序，鼓励每个学生参加。这种圈能够帮助那些只是静静坐在那里观察的学生，教师作为协调人，提出问题让小组思考。讲话工具——也就是，一个物品用来作为讲话人的视觉提示物，在圈内传送，学生依次对问题做出简短回答。重要的是，没有拿到讲话工具的学生不能直接回应拿着讲话工具的学生，但是当轮到他们讲话时，他们可以做出自己的评论。学生总是可以选择放弃发言，但是我们发现，随着他们对整个过程变得更舒服就会越来越少这么做。教师可以使用有序圈在一堂课开始时引导学生或者在结束时做“退出”。

高中世界史教师乔安娜·沙佛使用有序圈来听学生汇报课程。例如，在细读了约瑟夫·斯大林的演讲后，沙佛女士让学生围成圈来分享自己的印象，学生使用了像“吓人”的和“令人恐惧”的这样的词语来描述苏联的领导人和他的话语。一周以后，沙佛女士再次围成圈讨论富兰克林·罗斯福的《耻辱之日》(Day of Infamy)的演讲，这次，学生用“镇静的”“确信的”和“下定决心的”这样的词语来描述演讲者。

非正式有序圈也有助于提出特别敏感的话题。例如，高中英语教师希瑟·安德森让学生围成圈来讨论他们关于即将到来的重要毕业考试的感受。焦虑占了上风，安德森女士让每个学生描述此时此刻自己的感觉如何。“他们有机会听到并不是只有自己感到紧张，”她说，“很多时候，这个年纪的孩子认为只有他们在经历一些事情。”

- **无序圈**

与有序圈不同，无序圈没有固定顺序，允许学生直接回应彼此的问题，想回答就可以回答。这样，真正参与到话题中的学生就可以有更多的时间就此话题说得更加深入。

八年级健康教师朱丽叶·斯蒂芬斯—马丁组织了一次无序圈来讨论学校董事会不久将要做出的关于通过售卖零食和饮料进行筹款的决策，一些学生认为售卖零食和饮料对于支持课外活动和俱乐部很有必要，另一些学生认为学校不应该支持卖那些不符合地区营养要求的东西。“我不确定他们通过这个圈能得出任何一致意见，”斯蒂芬斯—马丁女士说，“但我真的很高兴他们是多么有礼貌地聆听反对观点，我希望所有的会都能开得这么文明。”

- **鱼缸**

这种类型的圈对于技能建立和讨论需要仔细聆听的敏感话题特别有效。鱼缸策略使用了两个圈：一个小内圈被一个大的观察圈包围。内圈的学生讨论一个话题，而那些外圈的学生观察并记笔记。在一些案例中，内外圈的成员在圈存续期间保持不变；在另一些案例中，会邀请讲完话的学生退出内圈，留出一张空椅子给外圈成员坐。

在学年伊始，六年级科学教师罗莎·瓦斯克斯邀请六名前一年的学生来为现在的学生演示如何使用鱼缸圈。七年级的内圈学生讨论回收的好处以及房主如果不回收的话是否应该被罚款，六年级的学生在观察圈记笔记。过了一会儿，经过练习，瓦斯克斯女士班里的学生学会了如何参加这个类型的互动并且用于各种学术和非学术交谈。

- **内外圈**

在我们学校，我们把这些称为“闪电约会”圈。像鱼缸那样，内外圈包括了一个小圈以及外面围了一个更大的圈，但是这样一来，内圈的学生朝向外面并且与大圈的学生搭档。在老师的提示下，搭档们就一个话题讨论几分钟，然后，在另一个提示下，内圈的学生按照顺时针方向移动，这样所有的人最后都合作过。

九年级教师莎拉·索里亚诺组织了内外圈，该活动包括了她十一年级和十二年级被称为联系小组的导师项目的成员。导师们在内圈，花了几分钟时间和外圈的每个九年级学生进行了日常对话。在新生见过所有导师后，他们完成了在线调查，列出了三位他们更想要跟随的导师，联系小组的每位导师之后接收了几个九年级的学生。据索里亚诺女士所说，导师们是学生有效的支持者，教师可以跟他们进行咨询。

幼儿园教师大卫·梁在数学课上使用内外圈。“在幼儿园数字感是很强的，要完成10以内的个位数加法，”他说，“所有的学生都有一些数数用的方块在手里，还有铅笔和纸。每组合作者要算出他们一共有多少个方块，然后写出等式。”

“他们不习惯这么快完成任务，”他补充道，“但是内外圈帮助他们在数数和做加法时增加熟练度。”

● 如何操作非正式圈

教师需要把自己关于使用圈的期待清晰地传达给所有学生，每次使用圈时要加以回顾。为了使非正式圈有效果，学生们必须知道自己是在一个安全的环境中，有能力自由讲话。因此，我们建议期待学生作为同盟者进行聆听，即使他们还没有达成共识。

圈帮助学生建立和保持对彼此的信任，作为一个团体来共同解决问题。然而，如果几个学生主导了讨论，团体就会减弱，圈应该为每个想讲话的学生提供机会，重要的是让学生知道我们需要听到所有人的意见。一些教师鼓励学生回复评论时不要感到匆忙，要简明扼要并尊重他人。

圈为教师提供了一种方式来引导学生，通过仔细聆听学生而评估其学习的状况。教师应该观察学生之间的谈话，用这些谈话作为未来课程计划的基础。例如，五年级教师尤兰达·贝克在非正式圈与学生见面，旨在弄清楚学生本学年第一个研究项目完成的进展如何。

“你们的科学研究报告一周以后要交了，”她对学生说，“我想知道你们有什么困难。”

随着讲话工具在圈里一个接一个传着，贝克女士记录了学生的回答，但是没有说话。当所有学生都有机会进行分享时，她让他们根据分享的关于项目的顾虑形成小组。

“既然你们见了小组成员，那么看看你们是否能够建立团队来互相支持，”她说，“明天早上我们一起解决一些问题，我会和每个小组见面。”

当天晚些时候，贝克女士向我们解释了她的方法：“我可以感觉到总体上有很多焦虑，但是比起把所有内容重新教一遍，针对需要提供帮助要合理得多。我很期待明天，我希望明天结束之前他们能更加有信心。”

教师应该确定不要催促圈里参加活动的学生，因为学生可能比表面看起来更不愿意讲话。有一个例子就是这样的情况，六年级教师凯文·那德豪夫组织了一个圈活动，让学生说出一个自己曾经面对的挑战和一次自己很自豪的成功的事情。这是开学的第二天，学生不愿意讲话在圈中真的很明显。那德豪夫先生意识到大多数学生彼此不认识，所以很犹豫是否要谈论自己。

了解到这一点，他让学生不用准备更自由地发言，那德豪夫先生说：“我想刚才我要求你们的太多了，咱们试试新的方法。回到你的座位上，采访一下你旁边的人，然后把这个人介绍给我们大家。”

接下来的10分钟，学生们彼此有了一些了解，记了笔记。当那德豪夫先生再次让学生围成圈时，他们已经准备好了发言。“他们需要更多时间来准备，和他人交谈使得找出挑战和成功的事变得更容易了。”他说，“我需要记得，让这个团体成长意味着我需要给他们养分。”

临时会议

当焦虑、沮丧和恐惧相交织并爆发时，冲突就会发生，然后紧接着，教师可以通过创造条件阻止这种情感发生从而减少冲突。然而，焦虑、沮丧和恐惧从来不会完全消失，所以学生需要工具在大麻烦形成前来解决小冲突。作为协调人，教师可以召开临时会议来帮助学生解决危害学生关系、扰乱学生学习的情况。

当教师看到冲突在酝酿，应该抵制简单地发号施令（“现在停止”）的诱惑，因为命令教不会学生任何事情。相反，我们建议促进冲突双方的交流。这里有一个例子：

教师：我刚看到你们两个人把彼此推出了线外，我很担心你们会伤害到对方，发生了什么事?

学生1：我先到的这里，他在我前面插队。

教师：（跟学生2说）你说一下这个情况。

学生2：我比他先到这里，但是之后我和贾斯汀说话丢了自己的位置，他占了。

教师：当我看到学生在咖啡厅排队时互相推搡，我就会有点害怕，你们看到别的学生身上发生这件事时感觉如何啊?

学生2：好像我必须打一架才能排到队里。

学生1：我也这么觉得，好像不会轮到我。

教师：我同意，我认为这会使小孩子们认为他们必须打一架才能排到队里，那不是我想让他们相信的。我知道你们在学校都有小弟弟和小妹妹，你们想让他们学会什么？

学生1：想让他们学会不要打架，因为咖啡厅不会没有食物供应。

学生2：（笑了）除非是墨西哥豆子奶酪卷饼日！

教师：好像你们有很多相同的意见，你们能解决这件事吗？

学生1：走吧，去我前面，今天是铁板牛肉。

临时会议是一种在冲突变得更大之前快速解决冲突的方式，在这个过程中，学生提高了独自解决小冲突的技巧。上面的例子包含了很多对于成功的临时会议来说非常重要的因素：

- 简短。
- 学生没有受到惩罚的威胁。
- 教师让每个学生说一下发生了什么事。
- 教师分享自己的感受。
- 教师提醒学生他们要对别人负责。
- 教师让学生建议解决问题的方式。
- 教师示范如何与跟你意见不一致的人沟通。

当然，有时候学生可能会让教师解决一些教师开始没有看到的冲突，对于老师来说不要下结论，要给学生机会在你的帮助下解决问题。

当南希教小学四年级时，她在教室里设立了一个“和平桌”来解决学生冲突。真的没有太多东西——只是一个桌子上面有一支羽毛笔在架子上。无论什么时候学生有了冲突，在一起去见南希之前，他们会每个人起草一份“和平桌声明”。每份声明必须有三个不同的元素：

1. 解释不同意见是什么。

2. 一份“我”的声明解释作者的感受（“当你____________，我感觉____________。我想要____________”）。

3. 一份“我”的声明解释作者认为另一个人可能会说（“当你__________，我感觉__________。我想要__________”）。

接下来南希会和两个学生见面讨论该冲突。她发现学生用来写声明的时间达成了两个重要的目标：给双方时间冷静下来，鼓励双方正确看待该冲突。在大多数情况下，冲突甚至会在临时会议召开之前就自行解决了。南希知道她的学生们正在进步，她听到两个男孩在课间休息回来的路上吵架了，但是只听一个学生说：“我们最好解决这件事，否则我们还要再去和平桌一次。”

当学生情绪激动时，写字对学生很有益。写的过程给学生时间冷静下来，这段时间里学生能够集中思想。我们知道有些教师将杰克·坎菲尔德的《完全真实过程》改成了下列句子开头来帮助冲突中的学生准备对话，这个过程使学生开始表达自己的愤怒，然后通过一系列情绪进展最终形成同情和原谅。正如坎菲尔德所说："我把这本书叫作完全真实是因为，我们沮丧的时候，经常会无法表达出我们对引起沮丧的人的所有真实感情。我们卡在了愤怒这个层次或者痛苦这个层次，很少能够跨越完成整个情绪过程。结果，在这么愤怒或者痛苦的对立后，可能会很难亲近另一个人——或者甚至与之轻松相处。"为了使过程有效，坎菲尔德建议学生应该花时间表达自己在每个阶段的感受。下面是一些可行的每个阶段的句子开头：

1. 愤怒和憎恨——我对……很愤怒，我恨……我讨厌……我厌恶……

2. 受伤——当……我很受伤，当……我感到伤心，我伤心……我对……感到失望。

3. 恐惧——我对……感到害怕，当……我觉得恐惧，当……时我害怕你，我害怕……

4. 自责、后悔和有责任——我很抱歉……请原谅我……因为……我很抱歉，我没打算……

5. 想要——我所有想要的是……我想让你……我想……我值得……

6. 爱、怜悯、原谅和欣赏——我理解……我欣赏……我爱你因为……我原谅你因为……为……谢谢你……

唐·布拉格老师用这些句子开头让两个七年级女生准备有关小组作业争议的讨论，他让两个学生待在教室不同的角落里，让她们用书面表达自己的感受。这是梅洛迪写的：

我很生气，你没有完成小组演讲你自己的部分，你说过你今天会做完的。我很受伤，因为你没有像你在乎的那样表现，而你只是一笑了之。我担心我会得到一个不好的成绩，因为你没有完成你的作业。我不是故意侮辱你称你为泼妇，我只是想让你遵守你的承诺。我知道你是我的朋友，但是当你不守信时，很难和你交朋友。

这是瓦内萨写的：

我很生气，你骂我还说我坏话。我很受伤，因为我们承诺过我们永远不会以这种方式对彼此不敬。我恐怕你受够了我，不再是朋友。我不是故意用这个项目让你失望，我忘了今天是到期日了。当你生气的时候，我想要你告诉我，但不是变得这么严重，那不是最好的朋友该做的。我明白我使你处在了一个不利地位，对不起。

在写作之前，学生往往不了解他们自己的想法。这是一个过程，由句子引导学生掌握情况。梅洛迪和瓦内萨花了15分钟就写完了八个句子。看完两段话后，布拉格先生要求女孩们默默地读对方写的内容。可能并不奇怪，几分钟后两人泪流满面，最后互相拥抱。布拉格先生首先解决她们加剧的情感，能够帮助女孩们进一步讨论她们小组项目的状态。

像梅洛迪和瓦内萨的冲突最好在教室中解决，在关爱他们的成年人的指导下进行，这个成年人愿意花时间帮助学生解决冲突。正如布拉格先生晚些时候对我们说的："是的，我教科学，但是我教初中的孩子，科学是我的内容——孩子们是我在这里的原因。”

临时会议不仅限于解决学生之间的小冲突，教师也能够使用临时会议来处理他们和学生之间的冲突。最常见的是，这样的会议集中用于处理学生的不专注行为。

我们所有人，学生和成年人一样，在某一时刻都会开小差，记住这一点在需要时能够帮助我们控制自己的情绪。

数学老师克雷格·肯尼有一天在九年级的课上注意到了一群学生好像在开小差，所以他在黑板上写了一道题让班里其他的学生做，与此同时他与这群学生见面。“我不确定发生了什么，但看起来你们好像没有注意听课，”他说，“我很失望，因为我很努力地准备这堂课，我认为你们会真的很喜欢这堂课程，这堂课会教你们如何计算指数问题。有什么我应该知道的吗？”

“很抱歉，是我的错，”其中一个学生说，“教练告诉我我们的比赛换到了另一个地方，我告诉了其他人，然后我们开始谈论起了另一个队伍，我们失控了，我们现在回到我们的比赛上。我们不是故意不尊重您，但是我们确实那样做了。”

肯尼先生接受了道歉，然后，他指着黑板说：“你们能算一下这道题吗？如果需要帮助就叫我，我真的想要确定你们能把解题过程写下来。”

这次简短的互动使学生回归到学习上来，他们试图弥补自己造成的损害。在全班同学面前斥责他们或者把他们送到副校长那里花的时间更长，也造成了情感伤害，还会落下很多功课。

教师们也可以用临时会议来讨论学术问题。例如，七年级教师劳拉·卡恩斯和学生开了一个临时会议。这个学生叫辛西娅，她在最近的考试中成绩很差。“你科学课没考好，是吗？”她问学生，“我的目标是让你知道这个信息。我真的认为这很重要，因为你可能会想出下一个回收项目或者知道如何减少太平洋垃圾带。你能告诉我发生了什么事吗？”

“我就是放弃了，”辛西娅说，“我对一些词感到迷惑，所以我就不做了，我真的不知道会那么重要。我不知道您对此这么关心，不知道您这么关心我。”

“我确实关心你，”卡恩斯女士说，“很关心！与科学相比，我更关心你，我热爱科学，我想让你和我一样热爱科学。今天下午你愿意和我一起复习一下这个然后再尝试考一次试？我认为你知道这些信息，因为我看到过你在小组中做过。你从不放弃，你帮助同学，那真的令人印象深刻。”

辛西娅笑了。“哇，”她说，“我知道来这所学校上学会不一样，但是从没有想过会有老师像这样与我见面。是的，我要再考一次。谢谢。”

学生应该在会面中多谈。为了确保学生参与对话，我们准备了一系列教师可以使用的问题（见表4.1）。

根据不同情况，问题各种各样（重要的是要记住临时会议不是专门为了处理问题行为的。当事情进展顺利时或者为了帮助学生培养某些品德时也可以使用）。

—— 学生心声：我过去曾被嘲笑过 ——

米里亚姆有点笨拙，她比大多数四年级的同伴都高大，对于自己的想法和期待也很直言不讳。她常常抓不住社交信号，硬生生地插入到谈话中，有时候突然就把其他人都甩在后面。她的老师萨曼莎·林恩定期使用班会和圈，在这些活动中米里亚姆常常对同学对待她的方式表示担忧。

本学年几周过去之后，米里亚姆抱怨得越来越少并且开始更多地赞美同学。在八周之后的一次班会上，米里亚姆说："费尔南多告诉我，我是他的朋友，他是我四年级的第一个朋友。"在整个学年中，费尔南多收获了更多的友谊。她继续会对事抱怨，但是很少是关于人们对待她个人的方式，更多的是关于她在其他学生中观察到的霸凌现象。全班一起来解决她提出的问题并且取得意见一致的解决方法，例如发起一场学生领导的反霸凌运动（在校长同意后），制作一个微电影公共服务宣言，包括这样的句子：棍子和石头会打断我的骨头，但是言语会使我永久受伤。

表4.1 临时会议问题和陈述样例

用于与有行为或学术问题的学生个体开会时使用：

1. 你怎么描述自己？
2. 别人怎么描述你？
3. 老师关于你做的哪些假设是不真实的？
4. 你想要别人怎么描述你？
5. 咱们做一个计划让你能够到达你想去的地方。

用于与一切都好的学生个体开会时使用：

1. 你怎么描述自己？
2. 别人怎么描述你？
3. 我们做什么能帮你达成目标？
4. 我们多做或少做哪些事情来帮你达成目标？
5. 咱们做一个计划让你能够到达你想去的地方。

用于讨论学生想要成为做什么工作的人：

1. 你喜欢做什么，这个能成为一个事业吗？
2. 做那件事为生的人要为这份事业如何做准备？
3. 咱们一起找出你在初中/高中需要做什么来让自己走上正轨。
4. 你在达成目标的正轨上吗？
5. 咱们做个计划来达成你的目标。

用于讨论学生想要成为谁：

1. 你什么时候会为自己感到骄傲，在学校里还是学校外？
2. 你为什么会有那种感觉？
3. 你克服了什么障碍，你是怎么做的？
4. 现在有什么障碍阻碍了你？
5. 你用来克服障碍的那些策略可以用于现在的情况吗？
6. 咱们做个计划来克服障碍，我打赌你已经为解决这个问题而为自己感到骄傲了。

在冬天的一次圈活动中，米里亚姆在轮到她说话之前哽咽了。谈论的主题是一张全班参观有机农场的照片，当轮到她时，她发言了。

“我过去曾被嘲笑过，”她说，“别人逗我甚至推我。人们说我很胖，很丑，很笨，我讨厌上学。但现在我爱上学，因为这个照片中的所有人。我很抱歉我第一次来这所学校时并不友善，但是我很高兴来到这所学校，我妈妈说我现在甚至都喜欢上了自己。”

5

CHAPTER

第五章

调　停

我们必须学会关注恢复而非结果，我们要记住惩罚只有在学生被抓住时才管用。在这种情况下，他们会关注下次如何避免被发现而不是从自己的经历中反思和学习。

我们所有人都受到过委屈，有时候这些委屈在大事面前显得很微不足道，有时候这些委屈却是很重要很痛苦。我们不想对学生、教职员工、老师、管理者和家长给他人造成的伤害打折扣，因为这种伤害可能对关系造成很大的破坏并且因此损害了学生的学习能力和教师的授课能力。当委屈发生时，我们要求公正——但是如何定义公正很重要。

正如我们前面所写的，传统的纪律努力关注的是定罪以及惩罚犯错者，这样一来，公正就意味着犯错者要有一个不好的结果，通常包括了羞辱、鼓励和排斥。恢复性实践采用更加教育化的方法，调动资源确保学生继续学习。

回想一次你个人有意或无意地受委屈的经历。在我们第一次聚焦恢复性实践的职业发展培训上，我们因为这个提示问题受到了挑战。要求教师、教职员工以及领导写一篇关于一次具体经历的日记，大家知道可能会让他们和一位同事分享该经历。

我们讨论的问题让人感到羞辱和伤心。我们的同事经历过一些非常糟糕的事情，一个同事说起了自己曾被一个她认为是朋友的人伤害，这个人进入了她脸书的账户，发表了一些不合适的言论，给她的朋友们发了“完全错误”的信息。另一个同事分享了前夫给她带来的情感伤害，还有人说起了之前的上司当有人犯错时就会受到轻视，另一个人说起了中学时受到欺凌。所有这些讨论的事件发生在7年前——有一个例子，发生在33年前。很明显，我们没有人完全解决了问题，即使在很多例子中存在着某种“公正”（虐待妻子的前夫在康复中心待了一段时间，轻视人的老板因为行为过失而被解雇，中学欺负别人的人被停课）。在这么多年之后，其中的一个同事继续问：“如果我让那个人知道他可能伤害了我会怎么样？”另一个同事继续问道：“为什么我成了靶子？我做了什么？我仍然希望我能找出答案。”

接下来，辅导员让我们问彼此下列问题：

- 你感觉如何？
- 你想问冒犯者什么问题？
- 你还想对他或她说什么其他的吗？
- 谁或者什么能使事情对你来说变得正确？
- 公正对你来说看起来像是什么？

接下来的谈话进一步证实了未解决冲突的长期影响，我们必须问自己我们是否想要我们的学生经历同样的命运。我们的学生可能不会经历我那些同事那样的困境，但是我们仍然希望他们能够在冲突后有个了结。正如我的一个同事所说："我真的只是想要一个道歉，可能一个承诺说这件事不会再发生。"

我们的下一个任务是回想一次我们给另一个人造成伤害的时刻，有意无意的都算。我们被告知我们不必和其他人分享这个经历，但是我们应该边回忆边写给自己一点东西。作为反思的一部分，让我们考虑下列问题：

- 你感觉如何？
- 你想对被害人说什么？
- 谁或者什么使得事情回归正轨？
- 对你和对受害者来说公正看起来是什么？

我们静静地花了十分钟进行个人反思。当我们回到小组中时，我们被问到是如何回答这些问题的。正如我们的辅导员解释的那样，"我想要我们大家谈论一下是什么使事情回归了正轨。当事情离现在有一段时间了，现在对你来说公正看起来是什么？"

对话再一次很有力。最常见的主题是有强烈的愿望要道歉、要使事情回归正轨、要让受害人知道我们为什么这么做。正如我们一个同事所说："我希望我能重新做一次。我想要道歉，我想要拥有它。我错了，真的错了，我就是想告诉她为什么会发生这样的事并乞求原谅”。另一个人说：“我希望告诉他我也一样受到了煎熬。我因此自己打自己，我想要道歉。真的，我愿意做任何事来把事情纠正过来。”

克服抵抗

我们花这么多的时间在上面讨论的职业发展培训上关注公正这个主题是因为学校的成年人必须对恢复性实践感到舒服并支持，这样这些实践才会有效。在一次恢复性会议之后学生的行为可能不会发生永久改变——但在停课或开除之后也不会发生永久改变。我们发现，如果想让恢复性实践真正生根，教育者就需要说明自己对公正的看法，这就要求重要的思想转变——正如策尔所说的那样，恢复性实践手段是一种哲学而非一种方法。

为了让恢复性实践起作用，我们必须学会将事件与行为者加以区分，学生需要知道他们受到了重视但是该行为不能被接受。澳大利亚犯罪学家约翰·布雷斯韦特已经发现那些对自己行为感到羞愧和受到羞辱的人比那些没有这种感受的人更有可能再次犯错，但是不用羞辱的方式来处理冲突或者不当行为说起来比做起来简单。我们常常把人们的行为和人本身联系在一起，我们经常两者都评判。如果我们要把课堂和学校恢复成健康的学习社区，我们就必须关注行为而不去否定个体。当教师对小学生说“别做坏孩子”或者“你非要那么做吗”时，他们就有风险让学生感觉是他们自己而非自己的行为有问题。

我们想起了一名中学生，该生对老师说过很刻薄的话，并且经常针对成年人很在意的生理特征。该生的一位老师对他说："你是位很有意思的思考者，你的艺术很棒。我只是很惊讶你用那种方式和人们讲话，你知道你的话会伤害别人的感情吗？"相反，该生的另一位老师对他说："你应该为自己感到羞愧，你不尊重大人。如果按照我的方式，你会被每天停课，直到你离开这里。"能猜一猜哪位老师这个学年过得好一些吗？雅各布的行为在两个老师的课堂上完全不一样，大概是因为一位老师能够把行为和行为者进行区分并努力改变行为，另一位老师明确表达雅各布应该被开除并且永远不受欢迎。

我们必须学会关注恢复而非结果，我们要记住惩罚只有在学生被抓住时才管用，在这种情况下，他们会关注下次如何避免被发现而不是从自己的经历中反思和学习。学生会改变其行为来避免受到惩罚，不是因为他们形成了内在控制的基因位点或者道德指南。

布兰迪是一名三年级的学生，她经常从别的学生课桌上偷东西。她的老师和校长已经对她使用了进展式的惩罚政策，每次偷东西都会把惩处结果升级：第一次是批评，然后是把她送到办公室，最后让她停课。

在停课会议上，布兰迪的妈妈对女儿的行为感到震惊。"你为什么要偷东西？"她问，"那些东西你都有啊！你们班的孩子们不喜欢你，因为你是个贼，他们会捉弄你的。我不会培养一个贼，我对你真是很生气！你这个小贼。”

看到了学生母亲的怒气，校长意识到他的惩罚方法不管用。

“我认为我们需要一些时间来做一个新计划，”校长对布兰迪的妈妈说，“我们已经使用了惩罚试图让布兰迪偷东西的行为停下来，可能我们需要尝试一下其他办法。你今天可以把布兰迪带回家，聊一聊她为什么要拿别人的东西。我不认为你养了一个贼，但我确实认为我们需要从根本上了解布兰迪为什么这么做。”

正如我们前面所写，我们不是完全反对在个案中停课，我们只是认为这不是学生学习的机会。我们知道停课可以让老师有时间做出新计划，也让孩子冷静下来，这就是为什么停课在布兰迪的例子中是有道理的：她、她的老师和校长都需要一些时间思考下一步该怎么做。正如教育者集中精力使用惩罚，布兰迪则集中精力在更好地拿到不属于自己的东西。她的老师和校长没有想到问问她行为的动机是什么，或者问问她如何弥补自己行为带来的伤害。

布兰迪的老师和校长做出的计划是让布兰迪面对受害者，并且也和社会工作者（在她妈妈同意的前提下）见面来找出布兰迪的动机。虽然这样的计划似乎是在回顾过去，但是当你深陷其中时，很容易想到小小的惩罚或者一些后果能解决一个问题。

布兰迪见了社会工作者，告诉她自己也不知道为什么想拿其他学生的东西。布兰迪还谈到了父母分开，她最近也得不到父亲多少关注。社会工作者进一步分析了布兰迪的行为，注意到布兰迪不停地偷男孩子的东西，当这些男孩发现后，他们会经常朝她吼。

处理布兰迪行为的新计划包括让她直接面对受害者，这样她能知道当他们意识到她拿了他们的东西后会是什么感觉。计划也包括了留出时间让布兰迪和其他人用一种积极的方式进行互动，例如通过在完成自己的作业后为幼儿园的孩子们朗读，以及持续与社会工作者和家人进行辅导咨询。

—— 调 停 ——

当我们实行恢复性实践时，我们应该学会问“学生是怎么恢复受损的关系的”而不是问“学生行为的后果是什么”。恢复性计划应该让犯错学生：

- 承认自己的行为。
- 道歉。
- 表示后悔。
- 承诺不再重复错误。
- 提出补偿。

这些要求与学校里通常能看到的后果类型大不相同，这些要求通过培养学生的内控机制和对他人的同情心从而有可能永久改变学生之后的行为。

恢复性实践必须是重新融入社会，而非边缘化。犯错的学生需要尽快回到他们的常规环境，这样才能恢复关系并继续学习。正如布雷斯韦特指出的那样，无法恢复受损的关系的犯错者经常会与同样被疏远的犯错者交朋友。这些新关系可以转化为一种认为犯错者没有必要遵守规则的亚文化，更不用说养成积极的习惯和与有好习惯的人交朋友了。

我们想起了被抓住的十一年级学生科迪在午餐时吸食大麻——这是他第一次尝试这种毒品。在许多学校，科迪将被停课和边缘化，这可能会让科迪对成年人和积极正面的学生榜样的信任转移到那些会让他进一步误入歧途的学生。但与受到毒品影响的学生交谈也没有多大效果，所以学校打电话给他的父母，告诉他们这个情况，并要求他们来接他，在当天剩下的时间里监督他。第二天安排了一次会议，让科迪知道他选择使用毒品是不行的，因为他是学习社区中的一位宝贵成员。当科迪的妈妈来接他时，校长会见了她，让她知道他们没有考虑停课，并且他们安排的会议是为了让科迪做出更积极的选择。

在第二天的会议中，科迪听到了自己是如何伤害了各种各样的人。他面对他的教练，最喜欢的老师，社会工作者，并且在科迪的妈妈的允许下，还有一名接受过恢复性实践培训的学生领袖。会议的重点是尊重学校及学校里的人，不造成危害的重要性，以及科迪作为学校领导者的角色。他的妈妈说出了自己受到的伤害、担忧和恐惧。她还说，她计划每月对他进行毒品测试。“不是因为我不相信你，亲爱的——我相信你，”她告诉他，“我只是想安心，我希望你能理解。”

科迪承认了自己的错误，为他所造成的伤害道歉，并承诺不再使用毒品。他还告诉他的妈妈，她可以给他做毒品测试，他说：“即使我生你的气的时候，我也知道你都是为了我好。”“你已经做得很好了，我很抱歉你必须处理这件事。”然后他问她是否可以加入一个课外俱乐部，“因为我有太多的空闲时间，会遇到麻烦”。

社会工作者补充说：“我认为我们应该在接下来的几周内每周至少见面两次。”“只是为了看到你正在走上正轨，然后我们可以改成每周一次，如果一切顺利的话，你可以想来的时候再来找我。”

在科迪的案例中，他犯错与重新融入学习环境之间经过的时间非常短暂。有些人可能会说他应该被停课甚至被开除，但是，恢复性方法承认年轻人在成长过程中会犯错误，这些错误为他们提供了学习的机会。

恢复的方法

正式恢复性实践被用于解决需要时间和对话的重大问题。米莱认为，在这种情况下的对话必须有礼貌并在采取任何进一步行动之前听取所有观点。她建议教育工作者遵循三个阶段的过程，帮助学生恢复关系，解决他们所造成的伤害，并在他们内化过程并培养他们自己的积极习惯时相互支持。该过程如下：

第一阶段：放松 在第一阶段，那些受到伤害的人有机会私下表达自己的感受。鼓励他们冷静下来——放松，如果你愿意的话——从他们所经历的伤害中解脱出来。因为冲突会损害一个人的自我意识，放松谈话的一部分侧重在重建被冒犯的一方的身份认同感，另一部分侧重于从受害者那里征求意见如何进行补偿、恢复和治疗。

第二阶段：重播 在此阶段，犯错的学生有机会反思他或她的行为，并了解其造成的伤害。这一阶段允许学生回顾情况，考虑事实，并确定一个行动方案，以便纠正做错的事情。重播阶段的目标是引出学生的同情心并确保他们对自己的行为负责，学生可以在此阶段练习道歉，并确定他们认为对自己行为的合理后果是什么。

第三阶段：结束 在这一阶段，冲突的观察者有机会分享他们的观点，参与康复过程，支持犯错方和受害方。这种参与赋予学生权利，增加了恢复关系和继续积极行为的可能性。成人观察者也可以参加结束阶段，表5.1还包括了结束谈话中有用的示例问题。

- **从扯平到恢复**

米莱解决严重冲突的三个阶段可以通过各种正式的恢复性过程来实施。正如普拉尼斯指出的那样，正式的恢复性实践将公正定义为恢复而不是扯平。当犯错的学生理解他们造成的伤害时，他们就

表5.1 恢复性对话中有用的常见问题	
第一阶段：放松	▪“发生了什么？” ▪“你还好吗？” ▪“你现在感觉如何？” ▪“你现在需要什么？”/“什么会使事情更好？” ▪“我该怎么帮忙？” ▪“感谢……”/“我注意到了……”（承认学生在谈话或在日常生活中证明的特殊技能）
第二阶段：重播	▪“发生了什么？” ▪“导致这种情况的原因是什么？” ▪“你当时在想什么？” ▪“这对谁有影响以及如何影响？” ▪“你现在怎么看？” ▪“你需要做些什么才能纠正做错的事？” ▪“我们怎样才能确保不会再次发生这种情况？” ▪“感谢……”/“我注意到了……”（肯定学生展示出的一个特殊的天赋以此激发积极的身份认同感）
第三阶段：结束	▪“当那种情况发生时，你感觉如何？” ▪“你现在需要看到现在发生什么？” ▪“在这种情况下你能做些什么？” ▪“感谢……”/“我注意到了……”（肯定学生的特殊天赋和承诺未来不再造成伤害）

会少做，我们已经一次又一次地看到这种情况。

正式流程需要时间来实施。倾听学生——倾听那些受到伤害的人和那些造成伤害的人，可以在上学时间内花几个小时。正如米莱所说："具有恢复意识的教育工作者认为恢复是学习上需要优先考虑的事情，并为恢复性对话腾出时间。"当学生学会相互照顾时，正式的恢复技巧就不那么频繁使用了。我们建议特别实施以下三种正式的恢复性实践：

1. 正式的课堂圈：用于解决课堂内的冲突。

2. 受害者—犯错者对话：以解决冲突，使受害者直面犯错者，并允许犯错者表现出悔恨和做出弥补。

3. 重要会议：用于解决严重冲突，其涉及较大群体的，例如受害者和犯错者的家属，这可能需要执法部门参与。

● 正式的课堂圈

正式的课堂圈适用于米莱三个步骤处理问题的结束阶段，该问题影响整个学习社区，从操场对抗到学生作弊计划。由于这类事件可能引起学生和教师之间的强烈反应，正式的课堂圈应该由训练有素的辅导员而不是相关学生的老师来实施。事实上，在实施之前，可能是老师而不是学生需要时间来放松。当训练有素的辅导员领导正式的课堂圈时，教师可以自由地表达自己的感受，并认真倾听学生的意见。如果教师自己引导圈子，学生可能会认为这个过程是服务于教师本人的，由此产生的任何决定都可能缺乏学生的支持。教师很容易将所有学生聚集在一起，并就他们的行为滔滔不绝地教育他们15分钟，但这可能没有帮助——有些学生可能会不理会，有些人会认为他们为他们没做的事情被指责。最重要的是，这种方法无法将学生从自身利益的思考转向考虑群体的福利。我们想要学生将教师视为学习社区的成员，而责骂只会强化我们对他们的心态。相比之下，有意义的讨论构建了一种社区心态。

每个教室都应该有一个讲话工具，用于规范讨论的流程以及有关其使用的规范。以下是我们用于在正式圈子中使用谈话工具的四个规范：

1. “一个声音”——提醒一次一个人发言。

2. “用心倾听”——提醒积极考虑别人要说什么。

3. “安全空间”——提醒保密。

4. “腾出空间”——提醒不要控制讨论或让别人无法发声。

将规范贴到某个地方供协调人用于圈子讨论之初或者讨论中断时参考，这是一个好主意。

几年前，在第三节课，老师的手机在她的班里被偷走了。她很沮丧，决定与多米尼克见面，分享她的情绪，并要求他在第二天与她的第三节课的班级帮忙进行正式圈。多米尼克建议在她所教的所有班级里召集一个圈活动，以便所有学生都可以讨论这个情况，这位老师同意了。

第二天，多米尼克和这位老师在每个老师教的每个班上召集了圈活动。多米尼克在每个圈活动开始时会总结发生的事情并分享三个问题，这三个问题将构成三轮讨论：

1. 当有人从你那里拿走东西时感觉如何?

2. 安全的教室有什么感觉?

3. 如果你知道有人偷了东西，你会怎么做?

接下来，多米尼克提醒全班该圈活动的规范，并将谈话工具传给坐在他旁边的学生。当轮到老师说话时，她能够表达自己的感受，当她解释说自己很沮丧时她哭了，因为手机里有她最近去世的母亲的照片。

那天放学后，一位来自老师第四节课的学生走近多米尼克。

“我知道谁拿走了手机，”他说，“我不希望有人再次经历那么多痛苦。”

重要的是，圈的主要目标不是找出谁拿了手机，而是让老师和其他人表达他们对事件的看法及其对课堂信任的不利影响。通过不将圈活动局限在事件发生的那节课，多米尼克和老师能够向学生展示有多少人受其影响——并且在此过程中他们发现了罪魁祸首，他当时是其他恢复性活动的焦点。值得庆幸的是，手机在他的家里，并没有删除任何文件。

证人圈 这种课堂圈形式是鱼缸的一种变体，其中一个小的内圈解决冲突，同时更大的外圈进行观察。但是，在这种情况下，较小的内圈为观察圈中的任何在讨论过程中有话要说的人保留了一张空椅子。如果椅子被占用，坐在那里的学生会在返回外圈之前自动发言。

五年级老师达拉·汉密尔顿邀请学校辅导员弗朗西斯科·洛佩兹为一个证人圈提供辅助，以解决她的几个学生持续使用有害和煽动性语言的问题。在这个圈开始之前，洛佩兹先生和每个相关的学生以及班上的其他几个孩子进行了交谈。“我确保我和班上的其他学生交谈，以了解所发生的事情的程度。”他告诉我们。

当证人圈被召集时，它的内圈由五把椅子组成。汉密尔顿女士坐在外圈，洛佩兹先生与纳塔莉、罗伯特和德胡安——一名受害者，一名犯错者以及一名证人，一起坐在内圈。他将全班介绍给了圈子，并提醒他们注意规范。

“我让这三名学生开始今天的讨论，”洛佩兹先生对全班同学说，“他们每个人都同意成为这个证人圈子的一员，谈论你在课堂上使用破坏性语言时遇到的日益严重的问题。”他接着解释说，内圈空着的座椅可以留给班上其他想加入讨论的人。

在接下来的25分钟里，洛佩兹先生带领全班同学谈论了在课堂上贬损诽谤的影响。在整个讨论过程中，来自观察圈的学生将定期坐在空椅子并说出他们的想法。当一位有年幼的兄弟的奥利弗坐在空椅子上并在小组内讲话时，这节课到了关键时刻。

“我只是在想，我父亲总是告诉我为我的小弟弟树立好榜样，”

他说，“但如果他听到我们彼此交谈的方式，我会感到羞耻。”

圈子召集几周后，我们收到汉密尔顿女士的消息，“我不能说问题已经消失，但肯定减少了，”她说，“洛佩兹先生带领的证人圈为我们指出了班里需要解决的问题。我开始听孩子们用他们正在使用的语言互相称呼——这不仅仅是我了。”

证人圈的目的不是提出问题的解决方案，而是向学生展示问题影响的不仅仅是直接参与其中的学生。证人圈可以让学生对同学更加负责，并认识到他们作为有害行为的见证人负有责任。

- **受害者—犯错者对话**

受害者—犯错者对话最有助于解决小组学生之间的冲突，而不是整个班级范围的问题。辅导员应该保持中立并具有以下特征：

- 同情。
- 情商。
- 人际关系技巧（尤其是积极倾听，谈判，解决问题以及口头和非口头沟通）。
- 认知技能（特别是注意，听觉处理和推理）。

情绪高涨的激动时刻并不是进行受害者—犯错者对话的最佳时机，正如米莱提醒我们的那样，各方应该有时间先放松，协调人提前与参与的人员会面以评估他们的动机并收集有关情况的事实是非常重要的。我们发现，科斯特沃和瓦赫特尔设计的问题在这些初始对话中特别有效（尤其是瓦赫特尔）。协调人可能会向犯错者询问以下一系列问题：

■ 发生了什么？

■ 你当时在想什么？

■ 从那之后你有什么想法？

■ 谁受到你所作所为的影响？他们以什么方式受到影响？

■ 你认为你可能需要做些什么来纠正做错的事？

并可能会问受害者以下问题：

■ 当你意识到发生了什么时，你的想法是什么？

■ 此事件对你和他人有何影响？

■ 对你来说最困难的是什么？

■ 你认为需要做些什么来纠正做错的事？

如果受害者或犯错者不愿意参与对话，则不能进行，可能需要采取其他后果类方法。根据我们的经验，学生很少拒绝参加对话。我们记得有一位拒绝参加对话的犯错者，因为她对自己的所作所为感到尴尬：将前男友的裸照发给朋友。我们曾与执法部门合作，学生接受了后果（愤怒管理课程和社区服务），但她拒绝在对话中面对她的朋友或前男友。

最后，我们与学生的母亲见面开会，解释对话的恢复性目标。经过长时间的谈话，她反过来对她的女儿说。

“你必须参加这个对话，然后向前迈进，”她说，“远离过去并不健康。如果你需要先咨询辅导员练习一下，我会带你去，但我真的希望你和其他学生见面。我知道你很尴尬，但我认为这次会议可以帮助你渡过这个难关。”

对话过程是协调人说明会议目的，概述发生的事情，并讨论弥补伤害所需的步骤。协调人要求参与者彼此仔细倾听，承认彼此的感受，并鼓励彼此分享他们的想法和观点。

有经验的协调人明白学生有时会在对话中变得情绪化并具有防御性。我们可以回忆起两个三年级学生之间的对话，在对话期间，犯错者一直打断受害者，否认他有过错。协调人提醒学生注意对话的规范，并提醒犯错者他有机会分享他的观点。“让我们现在听（受害者）发言，这样我们可以了解他所经历的事情。”他说，“记住，这不是为了责备，这是为了弄清楚下一步该做什么。”

在学生分享他们的观点之后，协调人让学生分享他们在事件发生后的任何想法或感受，正如米莱所指出的那样：“承认他们的责任，并承诺恢复、和解以及弥补，这是他们行为的真正后果。”在几乎所有这些对话中，犯错的学生在面对他们造成的伤害时会变得情绪激动。当然，帮助这些学生意识到他们将来可以成为更好的自己是这个过程不可或缺的一部分。

当犯错者向受害者表示衷心的道歉并深深反思后，对话转向对结果的讨论。犯错者可以提出补偿，受害者可以接受或要求犯错者做出额外的让步。通常，学生比成年人对自己更加严厉，所以主持人需要注意恢复关系和恢复伤害的提议的适当性。

应记录受害者—犯错者对话的结果，并与教师、辅导员和学校管理人员分享。有时，辅助者会拟订一份合同，让学生在对话结束前签字。我们回忆起两个中学男孩比着互相推挤，他们被要求签署一份合同，概述了他们再次生气时要遵循的步骤（“当我听到让我生气的事情时，我会深呼吸10次”“我们将在一起共进午餐10天，以便相互了解，这样我们就不会再打架了”）。学生们自己想出了这些步骤，辅助者只是打印出来让他们签名。

值得注意的是，受害者—犯错者对话通常不是一次性事件，犯错者和辅助者可能需要进行几次后续对话，以确保进展顺利，这些可以简单地包括简单的检查。协调人还可以安排受害者和犯错者之间的后续对话，以确保没有持续的心情不愉快，并且确保每个人都吸取了教训。我们估计，所有受害者—犯错者对话中约有一半将需要召开此类后续会议，有时会在这些会议期间出现新问题，这些新问题可以得到解决，以防今后出现更大的问题。例如，在一次关于欺凌的对话的后续对话中，受害者是八年级学生罗西奥，他对犯错者说：“她不再把我推到大厅里，但她在脸书上发帖说我考试作弊。”这一揭发导致了一个新的受害者—犯错者对话以及双方之间的协议更新。

一旦后续会议开始，学生有时会对讲话犹豫不决。如果发生这种情况，辅助者可能会提示他们完成以下句子：“如果你认识我，你就会知道____________________________。”通常，学生将首先揭露相当肤浅的信息（“如果你认识我，你就会知道我最喜欢的颜色是黄色”），然后再逐渐披露更多的个人信息。学生轮流完成句子，每回合添加新信息。

我们回想起两名学生之间的后续对话，他们的初步对话主要集中在犯错者用威胁的目光盯着受害者。在接下来的几个回合中，犯错者对受害者说：“如果你认识我，你就会知道我父亲在监狱里，我担心我的妈妈。”

“我也担心我的妈妈，”受害者回应道，“我父亲没坐牢，但两个月前他离开了我们，而我妈妈无法支付租金。”这是两位学生需要的突破，甚至使他们两人成为了好朋友。

我们的一位同事曾告诉我们，在与学生交谈中注重“尽管如此”和“无论如何”这种词语的价值是很重要的。例如，如果一个学生说“我讨厌那位老师”，他的社会工作者可能会回答：“尽管如此，你需要通过代数考试。”或者，如果一个学生说“我不会向她道歉”，副校长可能会回答：“无论如何，你看到了你造成了伤害？”从战略使用上讲，这两个词能够让谈话继续进行下去。

表5.2包含一个示例表格，可用于跟踪受害者—犯错者对话和重要会议。

表5.2 教师恢复性会议跟踪表格

犯错者及错误：

会议日期及参加者：

辅助者：________________________

受害者：________________________

支持者：________________________

承诺和结果：

（1）________________________

（2）________________________

（3）________________________

（4）________________________

跟踪频率、时长以及负责人：

转发：

☐ 学生档案 ☐ 教师：____________

● 重要会议

这些类型的会议旨在解决可能涉及家庭成员、执法机构或其他外部各方的严重问题。年轻的犯错者往往没有意识到他们的行为可能会对没有直接参与的各方产生影响，因为他们没有看到他人在他们的社会和情感发展方面的投入。

小学校长维多利亚·华盛顿在发现她的几个学生放学后被抓到吸烟后召开了一次重要会议，不是大麻，请注意——真的是烟草。学校的副校长协助会议，以便华盛顿女士可以作为社区成员和孩子的父母一起参加。在会议期间，父母轮流表达了对孩子的行为感到难堪。华盛顿女士分享说她也很羞愧，"这让我看起来好像不知道我们学校发生了什么，"她说，"我怎样才能向父母保证他们的孩子受到监督？我不喜欢感到自己愚蠢。"参加会议的孩子们听到这个很惊讶，意识到他们没有考虑华盛顿女士的想法，他们向她和他们的家人道歉。在会议结束时，该小组已就恢复计划达成一致，其中包括让犯错者参与学校的毒品宣传活动（学生们自己建议不允许他们出去两个星期，但校长拒绝了这个要求，认为这是不必要的）。

重要会议不仅仅是开会，其需要提前做大量工作，以确保合适的人员来参加会议并做好充分的准备。在受害者—犯错者对话未能防止问题升级之后，有时重要会议是下一步。与其他会议一样，辅助者有必要花一些时间提前与各方会面，以使他们熟悉流程和预期结果。我们希望重要会议能够成为一个积极的前进，而不仅仅是另一个争论的场所。

我们曾经有一个学生——德鲁，他涉嫌从我们学校盗窃了十几台平板电脑——这是一个惊人的进展，因为他与教师和学校管理人员建立了牢固的关系。我们了解到，他扶住门并担任望风者，而另一名学生放学后将平板电脑从门开着的教室里偷走了。当遇到一位老师怀疑质问时，他说他已经听说了这起盗窃并提供了一些虚假的线索。在被警察召唤之后，他才承认了他在盗窃中的角色。

德鲁认为他会因为自己的行为而被学校开除，但他想向学校工作人员公开道歉并尽可能地恢复关系。多米尼克向德鲁的老师建议他们召开一次重要会议，她同意了。德鲁建议他们在会议中邀请道格参加，因为他认为他严重损害了他们之前的信任关系，并且邀请一位曾同意成为他支持者的老师。在圆圈的中心放置一把空椅子，希望直接与德鲁交谈的人，可以坐在那里。

会议持续了90分钟。德鲁表示道歉，承认了自己的行为，并听取了所有人对事件的感想。多米尼克担任辅助者，并根据需要对讨论进行监管。例如，当一名与会人员明显生气并开始对德鲁大喊大叫时，多米尼克进行了干预并重述了规范。恢复实践小组的另一名成员护送愤怒的老师走出房间并私下与她会面，以便她在重新加入小组之前冷静下来。回来后，她再次坐在空椅子上，为她之前的行为道歉，并分享了她所感受到的背叛感，因为她之前曾支持过他。

重要的是要注意德鲁的会议没有完成的事情。这次重要会议的目的不是确定一项补偿计划，而是让犯错者道歉并让社区成员表达他们受到的伤害。回顾过去，我们不确定有多少成年人会愿意接受德鲁所面对的事情。对于一个16岁的年轻人来说，坐在失望并且受伤的成年人面前，这些人曾经深切地关心他，并听到他们分享背叛感，这并不容易。值得赞扬的是，德鲁没有找借口或试图将责任推卸给别人。

我们开完会后，都感到情绪疲惫，但这次会议也被证明是我们作为学校社区的转折点。在接下来的几周内，我们与执法部门、德鲁的家人和学校董事会合作，确定了后续步骤。最后，我们决定他不会被开除，但会被留校察看。德鲁必须继续重新获得大家的信任，但我们不怀疑重要会议对他来说是改变一生的。

返班计划

返班计划的目的是让学生在不得不离开课堂以便冷静下来或在行为不当被停学后重新进入学习社区，尽量减少干扰。例如，我们假设同一班级的两名学生打架并被送到校长办公室，这些学生的返班计划需要确保他们在返回课堂时都会受到欢迎。如果没有明确的计划，学生可能被同学称为恶霸或懦夫，这是恢复的障碍。在这种情况下，辅助者可以召集一个正式的教室圈子，让人们表达他们对同学打架的总体感受。或者，他或她可能花几分钟时间概述打架学生达成的任何协议，并要求其他同学帮助支持他们的承诺。

无论学生错过了多少时间，他们都会发现自己不得不重新融入课堂教学流程。学生的回归可以被高度情绪化，同学的反应可以引发学生进一步的问题行为。你无疑目睹过这种事——一名学生从校长办公室回来，同学们立刻问："你遇到了麻烦吗？"不得不再次重温这一事件对学生来说是痛苦的，并且可能抵消之前所有的恢复性努力。

以下是为学生制定返班计划时要采取的关键步骤。

和学生一起排练 与学生讨论他或她在返回学习环境后如何回应不同的情景（我们发现返回午餐或休息时间特别困难，因为学生的谈话无法受到密切监督）。我们喜欢练习使用"现在就可以"或"现在已经结束"等短语与学生一起回答来自同学的窥探性问题。如果学生在缺席后重新进入教室，请让他们口头承诺留在那里并为他们提供可行的反馈和重述，以便他们能够再次听到他们的计划（"所以我听你说当你回到福特先生的教室时，你希望会有一些小组作业做。你说过你打算安静地进入这个小组并跟随别人的领导。这是一个很好的计划"）。

如果需要的话，找到救命稻草 从情绪激动的事件返回课堂或学校的学生可能会发现自己比预期更焦虑或不安，在这种情况下，教育工作者应该与他们一起找出他们可能会用到的"救命稻草"，以防他们在返回时需要休息一下。如果学生感到焦虑，这可能就要求老师打电话给一位可信任的成人，非常简单（在我们学校，教师会通过手机或笔记本电脑向学生指定的学校工作人员发送即时消息）。在其他情况下，救命稻草可能是值得信赖的同学。

安排短时间的跟进间隔并坚持下去　在学生缺席返回后，每天检查学生一到两次，这可以帮助他们稳定下来并给学生一个安全阀以发泄情绪。

与相关的成年人一起最后结束该过程，这样他们可以更有效地回应学生的情绪　教师可能对已经不在教学流程中的学生抱有不切实际的期望，认为他们能够很快追上落下的内容。负责学生返班计划的教育工作者应该在返回时陪同学生回到课堂上，这样他们就可以向教师告知学生目前的心态和他们所做出的承诺。

安排每日放学前检查　这些类型的后续行动可以为学生提供他们脱离朋友所需要的借口，这些朋友可能会加剧他们的不当行为，他们还为教育工作者创造了一个为学生提供指导和正面肯定的机会。

实施后续计划　只有学生能够真实地反思他们造成的伤害以及他们从那时起学到的东西，才能实现长期改变。我们并不是说学生被迫永远纠缠于过去，但在重大事件之后定期进行后续对话可以减少不良行为再次发生并在学生和成人之间建立更牢固的关系。

学生心声：我要成为一个更好的自己

临时会议，圈子和重要会议具有累积效应：它们共同引导学生发现他们是谁，他们想成为谁以及他们想要如何生活。致力于他们的身份认同发展是值得的。

乔丹是一个十年级的学生，她遇到了很多麻烦。她说，她不知道她是谁，她不关心自己，如果她让人们开心，人们才会喜欢她。结果，乔丹很容易接受他人的习惯和行为，与此同时贬低自己的价值观和信仰：她使用并销售毒品，偷走他人的东西，旷课，并在考试中作弊（尽管她很容易进入她们班的前10名）。

恢复乔丹的问题行为是一个长期项目，很多人都对乔丹进行了投入，她参加了许多大会小会。她的父亲曾坐过牢，并不想让女儿走他的路，但他也不知道如何帮助她。

“在家时乔丹是一个样子，”他说，“但是当她上学时，她就像变了个人。她是街头乔丹，她正在吸毒，旷课，惹麻烦。”

乔丹的父亲愿意参加学校里与女儿有任何关系的任何会议，他还学会了如何在家里与她进行富有成效的对话，这模仿了她在学校的谈话。

乔丹很快就明白，无论她多少次试图将他们推开，她的个人和学术生活中的成年人都不会放弃她。她还意识到，当她偏离正轨时，仍有办法可以回到健康的道路上。几年下来，她变得更加自信，开始表达自己的想法，而不是担心她当时的朋友们会想到什么。正如她自己所说："我是少数人之一，总是试图取悦错误的人，但没有人放弃我。我不得不面对后果，但没有因为我的所作所为而被回避。我变成了一个更好的自己，我为我现在的自己感到自豪。我要去大学学习海洋生物学，因为无论我怎么尝试，你都不会让我失败。"

6

CHAPTER

第六章

课堂实践新思维

我们希望打破学生的固定思维，即认为天生的能力和个人特征而非努力是学业成功的决定因素。我们还想打破教育工作者的固定思维，他们宁愿把学校的失败归咎于学生、家长或社区，而不是自己承担责任并努力使事情变得更好。

我们知道学生理解努力与成就之间关系的重要性，特别是在克服困难时。我们希望打破学生的固定思维，即认为天生的能力和个人特征而非努力是学业成功的决定因素。我们还想打破教育工作者的固定思维，他们宁愿把学校的失败归咎于学生、家长或社区，而不是自己承担责任并努力使事情变得更好。

具有成长思维的学校相信他们的变革能力，但这需要的不仅仅是参加一些专业发展研讨会和阅读一些研究文献来实施有效恢复性实践；这个过程需要整个学校的认同，并且必须坚持不懈地专注于检查长期实践。

欢迎思维

我们都知道什么时候我们会受到欢迎，无论是家庭庆典还是在牙医办公室预约，我们都希望以某种方式受到欢迎——例如，在家庭庆祝活动中有许多拥抱和亲吻（在牙医办公室可能少些）。当我们受到期待或欢迎时，常常会有人叫我们的名字并朝我们微笑来欢迎我们，询问我们最近如何，并亲切地给我们指路。欢迎学生的学校做同样的事情。

在确保欢迎思维的同时，教育工作者应该特别注意：

- 前台办公室。
- 成人接触点。
- 入学新生和新员工入职。
- 创造积极环境的障碍。

● 前台办公室

首先，学校需要有欢迎的氛围，让学校里每个孩子和成年人都能感受得到。因为前台办公室是进入学校的人第一个接触到的，所以在这方面尤为重要。在许多学校，前台办公室工作人员负责管理一系列流程：筛选访客，回答父母的问题，指导患病儿童到护士办公室，等等。难怪工作人员经常被这些职责淹没并发现自己很少有时间在柜台迎接访客。

我们已经将我们学校的前台经理更名为礼宾员，因为她负责监督如何欢迎访客、学生、家庭和老师。在我们期待预定访客的日子里，她会张贴一个有访客名字的欢迎标语来问候他们。我们的礼宾员向学生工作人员展示如何正确地问候并护送访客到目的地，当父母或社区成员突然出现时，她会首先为他们提供舒适的座位，再满足他们的要求。

- **成人接触点**

为了进一步创造一个温馨的环境，我们要确保成年人出现在学生常常聚集的地方或有很多人流量的地方，以便他们可以向他们看到的任何人打招呼。事实上，我们在学校的中心位置为管理人员提供了一张小桌子，以便在上学的前15分钟内问候迟到的学生。我们可以告诉你，这些互动非常宝贵。我们首先问候学生，然后问他们为什么迟到，最后让他们知道我们很高兴他们来到学校。除了进一步加强与学生的积极关系外，这些简短的对话能够帮助我们区分那些长期迟到的人。

- **入学新生和新员工入职**

我们花了几年的时间才意识到，在入学第一周后入学的学生错过了关键的文化建设时期。如今，我们为这些学生提供了为期一天的入学体验。在他们上学的第一天，他们花时间与各种成年人和学生一起游览校园，了解学校的使命，并询问他们对后勤的任何疑问。下午，他们至少参加了两个课程并记录他们的观察结果，然后他们将在一个圈中与有时间的工作人员和学生领导进行讨论。在一天结束时，新生将收到课程表。我们认为这种入学体验有助于学生自我定位，感受气氛，并开始与学校成年人建立关系。

对于新员工我们遵循类似的入职流程，无论他们的工作职责如何，新员工都需要参观整个学校，参加课程，并与管理人员和学生代表会面。在此过程中，他们还会与学校的IT团队会面，以注册密码、设备、密钥等。新教师需要在第二天入职时用一整天的时间观察分配给学生在不同班级的表现，以了解他们如何在一天中行事。新员工只能在至少两天的入职经历后承担自己的工作职责。

● 创造积极环境的障碍

有时，广泛的安全措施可能会妨碍营造温馨的氛围。虽然诸如金属探测器、校园警察的存在、学生识别徽章和监控摄像机等措施旨在激发学生的安全感，但一项关于它们在学校中使用的研究表明，它们可以导致更多而不是更少的冲突。该研究中的许多学生表示，他们认为管理人员实施学校措施只是为了扩展他们的权力，而不是为了进一步提高学生的福祉。该研究还认为，教育工作者更多地关注防止不当行为和惩罚违规者，而没有看到学生的积极行为。

保安级别较高的学校，其管理人员需要有意识地将员工安置在可以热情地迎接学生和访客的区域，握手、微笑和轻拍后背可以大大抵消对侵入性安全措施的负面看法。如果有保安人员或警察在场，他们也应该帮助创造一个温馨的环境。许多警察接受过社区警务培训，并了解建立积极关系的好处。可以招募学校后勤人员和类似人员来担任学生的导师，方便警察参与体育赛事，并担任学校委员会成员。

数据思维

关于学校如何做的信息就在我们身边，我们只需要有意识地定位、分析和利用这些信息来改善学校状况。数据有两种形式：定量（数字的硬数据）和定性（故事的软数据）。教育工作者习惯于接收大量的硬数据，特别是以学生成绩报告的形式，但他们很少分析报告的深层含义，并根据他们的发现采取必要的行动。软数据至关重要，因为通过它们我们能够理解学生的观点，从而了解他们的行为。

● 硬数据

除了人口统计报告和成绩报告外，学校还应定期检查出勤率和纪律数据。其他非学术数据也可以增加学校整体情况的维度：例如，知道护士办公室的使用频率，被谁使用以及出于什么原因，可以帮助揭示潜在的慢性健康问题。另一个被忽视的硬数据来源是电话记录：学校联系了谁的父母？为什么？由谁联系的？学校跟踪教师、前台人员和管理人员跟家长联系，这样能够更好地找到建立强大社区关系的努力差距。

纪律审核是评估当前实践和采取行动改善结果的良好起点。表6.1包括过去三年中学生的性别和种族数据，教育者可以检查这些数据以便分析证据趋势，这些数据可用于分析过去干预措施的有效性以及确定需求。应以原始数字和百分比的形式报告数据，以便解决任何不成比例的问题。除了报告数字之外，表6.1中的问题还有助于管理员检查处罚表的来源地点和时间，以便他们能够查明可能需要更多支持来创建恢复性课堂条件的教师。此外，应对学生、工作人员和家庭进行各种调查，以获得多种观点。

表6.1　教师恢复性会议跟踪表格

审计复核时间：________________到________________

所分析的年级：________________________________

停课和开除发生情况			
	年份	年份	年份
处罚表			
停课			
开除			

表6.1 教师恢复性会议跟踪表格（续）

根据种族和性别统计的停课学生数							
	黑人	西班牙/拉丁	亚洲/太平洋岛屿	美国土著	白人	混血	总计
男性							
女性							
总计							

提交最多纪律处罚表的三位教师是谁？

______

提交最少纪律处罚表的三位教师是谁？

______

哪个年级或部门的纪律处罚率最高？

______

哪个年级或部门的纪律处罚率最低？

______

是否有特定人群的学生（例如，英语学习者、残疾学生、有资格获得免费午餐的学生）获得了不成比例的纪律处罚？如果是，请描述。

______

学校内是否有特定的地方产生不成比例数量的纪律处罚表？如果是，请描述。

______

白天是否有特定时间产生不成比例的纪律处罚表？如果是，请描述。

______

大多数学校都有访客登记簿和早退日志，可以利用这些收集有关学校气氛如何热情的数据。表6.2显示了一项后续调查，教育工作者可以使用该调查向访问者询问他们在校园中的经历。

拥有数据思维意味着准备好了计划将信息转化为行动，以下是有效实施的一些建议。

尽早开始　学年开始是检查数据的传统时间，因为许多州报告可以使用了。在学校开学后的前九周之后检查数据以确定早期趋势并在必要时进行干预，这也是一个好主意。

寻找实践和结果之间的联系　在检查数据时，按个人、年级、部门等对其进行分解是有帮助的——不是为了指责，而是为了找到具体的优势领域和改进机会。数据团队未能加倍努力将实践和结果联系起来，可能会分散他们改进的努力。

公布调查结果并鼓励思考　重复出现的问题需要跨群体协调努力，因此，教育工作者不仅应该与教师分享他们的数据，还应该与学生和家庭分享他们的数据，并且应该欢迎每个人提出建议和解决方案来创造共同的归属感。

密切关注历来服务不足的子群体　研究表明，性别、种族、残疾、家庭收入和语言等因素可以预测学生受到纪律处罚的频率。检查这些数据为教育工作者提供了一个重要的视角，可以通过它来考虑恢复性实践的应用。

表6.2　学校接触调查

您最近访问了我们的学校，我们希望了解您的体验质量。您的意见非常重要，调查结果将被总结并用于改善学校加强与学校社区所有成员合作的努力。

1. 您最近一次访问的日期是什么时候？________________

2. 访问的性质是什么？选择所有适用的选项：
   - 从学校接我的孩子
   - 带我的孩子上学
   - 为我的孩子送一些东西
   - 参观教室（如果是，请说出教师姓名：__________）
   - 出席会议
   - 地区事务
   - 大学事务
   - 社区事务

3. 对于以下每个陈述，请告诉我们您是否强烈同意、同意、不同意或强烈反对：
   - 接待人员友好而乐于助人
   - 我受到了及时的欢迎
   - 我感到很受欢迎
   - 我能够及时实现我的访问目的

4. 您还想告诉我们您访问我们学校的哪些其他信息？

____

5. 下次您访问时，我们如何改善您的体验？

____

感谢您抽出宝贵时间完成此调查。如果没有像您这样的人，我们就不能成为宇宙中最好的学校！

计划定期安排的日期以分析间隔数据 企业密切跟踪数据，以便他们能够快速响应不断变化的市场，但一些学校每年将数据回顾限制在一次。为什么我们认为与最复杂的生物——人类一起工作比使用小部件更简单？实际上我们全年都在分析数据：我们每天监控出勤率，生成每周成绩单，并发布有关纪律处分的每月数据。

每年在返校教师充电营期间，我们都会讨论学生的学业表现和行为表现。在我们开始恢复实践之旅之前，我们学校的停课率与附近其他学校的停课率相似。和别的那些学校一样，一些学生群体的停课率不成比例。虽然员工的士气令人满意，但很多人都很高兴看到一些学生被赶出学校。事实上，学校的一位前管理人员传了学生名单并要求教师对他们进行评分，以便他们可以“大扫除”那些表现最差的学生。

并不是说我们是一所糟糕的学校，事情一般都没问题。当学生做错事时，学生会受到惩罚，父母在得知此事时会变得有防御性——可能与我们周围的学校现状一样。但是，当我们的理念发生变化时，事情也发生了变化。我们的停课率现在非常低，出勤率上升，教师满意度和士气飙升（即使在财政资源下降的情况下）。教师现在有机会在遭受伤害时分享，从而最后治愈康复。观察学生试图恢复他们造成的任何伤害，这是非常感动的。当我们接受恢复性实践的观点时，连父母的态度也开始发生变化：我们学生的父母明白了他们的孩子需要学会像公民一样表现并且需要意识到学校在那里教他们如何做到这一点，而不是做出防御性的反应并努力让他们的孩子摆脱困境。

预警思维

早期预警思维可以帮助教育者确定学生是否会惹麻烦，让他们尽早进行干预。在某些情况下，分析与个别学生相关的数据可能会暴露出他们可能正在面对的明显问题，但这些问题却被学校忽视了。超过一半的美国国家教育部门要求对个别学生进行预警报告，以确定可能的关注领域。这些报告考虑了以下数据：

- 出勤率。
- 年级升级或留级。
- 课程完成率。
- 平均成绩点数。
- 国家标准化测试结果。
- 学生流动性。

没有预警系统的州的学校可以轻松地积累这类信息。需要考虑的其他因素包括学生是否有残疾，是否是英语学习者，是否在寄养，并且是否在当前课程中具有良好的学术排名。出勤、课程完成和纪律处分模式表明有失败风险的学生应该成为额外的支持对象。

表6.3显示了加州州立大学系统开发的早期警告标识清单。正如

加利福尼亚州立大学传单所说的那样，如果学生让你感到担心、惊恐或受到威胁，请相信你的直觉并说出自己的想法！

表6.3　帮助处于逆境的学生

学术指标

- 作业质量和成绩突然下降。
- 反复缺席。
- 令人不安的书面或演示内容（例如，暴力，死亡）。
- 发现自己做的更多是个人而非学术咨询。
- 持续地打断课堂。

安全风险指标

- 无端的愤怒或敌意。
- 暗示或直接威胁伤害自己或他人。
- 学术作业充满了极度无望、愤怒、无价值、孤立、绝望、表演、自杀意念、暴力行为。

心理指标

- 自我泄露个人痛苦，包括家庭问题、经济困难、抑郁、悲伤或自杀念头。
- 过度的眼泪，恐慌反应，烦躁或不同寻常的冷漠。
- 言语虐待（例如，嘲弄，诽谤，恐吓）。
- 她的同学表达对该生的关注。

生理指标

- 外观有明显变化，包括外表打扮、卫生，或减肥/增重变差。
- 过度疲劳或睡眠障碍。
- 中毒，宿醉或有酒精味。
- 失调或“闷闷不乐”。

尽管早期预警系统很有用，教育工作者在解读信号时应该谨慎——毕竟数据不是一成不变的。为了避免使学生蒙羞，我们宁愿不量化他们的相对风险水平（国家生成的报告倾向于这样做）。我们不想无意中让老师相信有些学生无法挽救，我们当然不希望学生自暴自弃，相信他们的命运是安排好的。教育工作者应该使用早期预警系统来识别需要更多支持的学生，然后快速地与这些学生建立积极的关系。

在我们学校，我们在课程的第一周密切关注新生，尤其是六年级和九年级学生。管理人员定期巡查，要求教师辨识可能需要额外行为支持的学生。在一学年的第一个星期五之前，我们通常会编制一份这样的学生名单——我们称之为“有潜力的人”，每个管理人员将其中的两个或三个作为他或她未来四年的责任。我们投入精力与每个“我们的”学生建立积极的关系，并作为他们在校的倡导者。几乎所有我们早期发现的学生都获得了支持，这些学生已经成为我们生活中的重要部分。当然，我们并没有向他们透露我们早期就已经将他们作为干预对象，尽管有时我们会在接近毕业时让他们知道（并且他们确实毕业了）。那时，他们很易于倾听关于他们年轻、愚蠢的自我的故事。

几年前，当道格的一个有潜力的学生停下来并给了他一个温暖的拥抱时，他正在走廊里与另一所学校的校长进行交谈。道格停止谈话，拥抱年轻人，祝他好，并让他去上课。

跟道格说话的校长站在那里，嘴巴张开。“我是那个男孩的中学校长，”她说，“在他没有下车的那些日子里，我的同事和我常常击掌庆祝，因为这意味着没有他在的时候会有更美好的一天。”随后，她突然流下了眼泪。

我们所有人都可能曾悄悄地松了一口气，因为知道某个学生今天不会来上学。像道格的潜力股这样的学生会发现别人并不想让他们在身边，而这种消极的自我概念会产生负面影响。正如杜波依斯在《黑人的灵魂》中所指出的那样：“成为一个问题的感觉如何？”

预防思维

很多时候，我们发现自己正试图在危机出现时解决危机。预测危机可以减少其影响，并加快我们对学生、教师和家庭的响应能力。

网络欺凌是一个值得特别关注的领域，需要预防思维。随着规律性的增加，反应迅速的学校正在预测该问题，并直接在课程中解决问题。许多警察部门、儿童权益机构和专业组织提供了有关网络欺凌的宝贵材料，教师可以与学生分享。在筛选材料时，教师应考虑以下问题：

- 他们在发育上是否正常？
- 他们是一系列的一部分吗？
- 他们是否通过实例教导学生并将其与网络欺凌的有害影响联

系起来？

- 他们是否包括学生可以用来在线保护自己的策略？
- 他们是否建议学生如果成为网络欺凌的受害者应该做些什么？
- 他们是否建议学生在观察网络欺凌行为时应该做些什么？
- 他们是否解决了网络欺凌应该面临的后果？

磨炼预防思维的另一种方法是在员工中灌输对敏感问题的意识。例如，我们要求学校的所有员工接受与识别为女同性恋、男同性恋、双性恋、变性或质疑（LGBTQ）的学生相关的问题的培训。因为我们坚信，我们的学校应该成为每个人的安全空间，每个教室都有一个标志，即所有学生都被接受和保护，并且不会忽视破坏性的语言和行为。

虽然一些工作人员认为他们的宗教或文化信仰受到我们对LGBTQ问题承认的挑战，但我们从未遇到过一个有同情心的教育者反对不受骚扰和自由学习的核心价值观。

- **团队思维**

学校的每项工作都有明确的职责：教师负责教学任务，辅导员辅助教学，管理员管理学生日常生活。不幸的是，狭隘的角色与整体教育方法不相容。学生的生活对应于学校提供的每一项专业都会是在不同的时间，但很少孤立。为了确保我们将学生的学校生活的全部复杂性考虑在内，我们强烈建议实施跨学科的学校团队。

我们学校每天都会在一个较大的教室里进行10分钟的站立常规会议并开始一天的工作，会议期间我们的非正式跨学科团队会在这里碰面（我们将其称为站立常规会议有两个原因：第一，没有人坐下来，一般无论什么时候开会似乎都需要两倍的时长；第二，在学年的每一天都开会）。校园里的所有成年人，都经过认证和分类，站成一圈并讨论以下三个议程项目：

1. 后勤和日程安排。

2. 聚焦那些值得认可或引起关注的学生。

3. 文化建设常规。

所有教员围绕房间的周边围成一圈，在对后勤和日程安排进行初步讨论后，校长将注意力转向学生。正是在这个时候，我们的非正式跨学科团队出现了。

这是一个例子。一天早上，一位十年级的老师对一名12岁女孩表示担忧，她的行为似乎正在倒退。不一会儿，两位十二年级的老师提到他们已经计划与她见面一起吃私人午餐了，一位十一年级的老师报告了她前一天放学后与女孩讨论过的事情以及女孩的田径教练打算在下一场比赛的大巴途中与她交谈一下。没有一个成年人在会议上透露任何有关学生困难的信息，但他们能够确定随后跟哪些同事一起制定战略。

当我们每天早上看到我们专业同事的眼睛时，我们感受到强烈的亲切感。重要的是，其加强了我们的信念，即通过学校工作人员之间的协调努力，有问题的情况能得以最好的解决。坦率地说，我们无法想象每天早上不开会，没有它，我们不相信我们会成为今天的学校。

我们知道，每所学校都不可能复制我们的早晨的常规。对于一些较大的学校来说，将所有员工都安排到一个单独的房间是不可能的。但是同时召开几个早会怎么样？教师可以按年级而不是部门划分，以获得不同的视角（我们应该注意到，我们早上的会议代替了教师会议，所以我们的员工每周聚会一共50分钟）。

虽然知道学生闲散、对自己的未来感到绝望，并且不报告每日积极的经历令人深感不安，但好消息是，我们作为教育工作者有能力改变这些数字。如果教育工作者在整个学校或学区进行有意识的努力，会怎么样？我们认为，吸引学生参与的有效流程有以下三个关键要素：

1. 他们积极主动。流程应侧重于学生的沟通、协作和解决问题的技能，使用基于力量的方法，教育工作者应识别并制定预警系统，以找到需要更多支持的学生。

2. 他们是系统的。应制定明确的指导方针和原则来管理学生干预措施。

3. 他们是透明的。与组织有利害关系的每个人，包括学生、家庭和其他社区成员，都了解这一过程，并在改进和定制过程中发表意见。

学生心声：我有希望，因为有人关心我

新闻和民意调查机构盖洛普正在收集和分析意见数据，帮助我们检测模式和定位趋势。在2014年发布的调查报告中，盖洛普公司发现每个年级水平的学生参与度都有所下降——这肯定是一个令人不安的趋势。但该报告也提出了值得庆祝的理由，同意“我的学校致力于培养每个学生的优势”和“我至少有一位让我对未来感到兴奋的老师”这一陈述的学生，与同龄人相比，参与到学校中的能力几乎是他们的30倍。该报告还认为，教师直接影响学生对未来的期望程度。更有甚者，三分之一的受访学生在评估测量的所有三个方面（希望、参与和幸福）得分都很高，他们被归类为成功就绪。

布兰迪是那些表现出“希望、参与和幸福”的学生之一，尽管她在贫困中长大并且在阅读或数学方面的初步评估中得分不高，但她对自己和未来的理解却很出色。“我希望过上更好的生活，因为人们关心这一点。”她告诉我们，“我的意思是，所有这些人都不会错。如果他们都非常喜欢我，我一定是一个非常了不起的人。我知道我被爱，这给了我希望，我不想让爱我的人或我自己失望。我知道我准备高中毕业后去上大学了，我有希望，因为人们关心我。”

结论

我们将按照我们开始的方式结束本书——学习邀请。考虑一下，如果他们在整个上学期间经常遇到有意邀请的成年人，那么盖洛普调查的那些没有“成功就绪”的学生的命运会有多么不同。感到充满希望和被关心的学生能够达到更高的水平——最好的消息是，我们有能力帮助他们这样做。

“常青藤”书系—中青文教师用书总目录

	书名	书号	定价
	特别推荐——从优秀到卓越系列		
★	从优秀教师到卓越教师：极具影响力的日常教学策略（入选浙江省教师节用书）	9787515312378	33.80
★	从优秀教学到卓越教学：让学生专注学习的最实用教学指南	9787515324227	32.00
★	从优秀学校到卓越学校：他们的校长在哪些方面做得更好	9787515325637	33.80
★	卓越课堂管理（中国教育新闻网2015年度“影响教师的100本书”）	9787515331362	68.00
	名师新经典/教育名著		
	如何当好一名学校中层：快速提升中层能力、成就优秀学校的31个高效策略	9787515346519	29.00
	像冠军一样教学：引领学生走向卓越的62个教学诀窍	9787515343488	49.00
	像冠军一样教学2：引领教师掌握62个教学诀窍的实操手册与教学资源	9787515352022	68.00
★	如何成为高效能教师（美国最畅销教师用书，销量超过350万册，最专业、最权威、最系统的教师培训第一书）	9787515301747	89.00
★	给教师的101条建议（第三版）（《中国教育报》“最佳图书”奖）	9787515342665	33.00
★	改善学生课堂表现的50个方法：小技巧获得大改变（入选《中国教育报》“影响教师的100本书”）	9787500693536	23.80
	改善学生课堂表现的50个方法操作指南：小技巧获得大改变	9787515334783	29.00
★	优秀教师一定要知道的17件事（美国当前最有影响教育畅销书作者全新力作）	9787515342726	23.00
	美国中小学世界历史读本/世界地理读本/艺术史读本	9787515317397等	106.00
	美国语文读本1-6	9787515314624等	252.70
	和优秀教师一起读苏霍姆林斯基	9787500698401	27.00
★	怎么做孩子会爱上学习（入选“21世纪中国教师必读的百种好书”，《中国教育报》“影响教师的100本书”）	9787500685968	22.00
	快速破解60个日常教学难题	9787515339320	33.00
★	美国最好的中学是怎样的——让孩子成为学习高手的乐园	9787515344713	28.00
	建立以学习共同体为导向的师生关系：让教育的复杂问题变得简单	9787515353449	33.80
	教师成长/专业素养		
	你的第一年：新教师如何生存和发展	9787515351599	33.80
	教师精力管理：让教师高效教学，学生自主学习	9787515349169	28.00
	如何使学生成为优秀的思考者和学习者：哈佛大学教育学院课堂思考解决方案	9787515348155	39.80
	反思性教学：一个已被证明能让所有教师做到最好的培训项目（30周年纪念版）	9787515347837	49.00
★	凭什么让学生服你：极具影响力的日常教育策略（中国教育新闻网2017年度“影响教师的100本书”）	9787515347554	28.00
	运用积极心理学提高学生成绩：品格教育校本计划（中国教育新闻网2017年度“影响教师的100本书”）	9787515345680	39.80
★	可见的学习与思维教学：让教学对学生可见，让学习对教师可见（中国教育报2017年度“教师最喜爱的100本书”）	9787515345000	29.80
	教学是一段旅程：成长为卓越教师你一定要知道的事	9787515344478	39.00
	安奈特·布鲁肖写给教师的101首诗	9787515340982	35.00

书名	书号	定价
万人迷老师养成宝典学习指南	9787515340784	28.00
中小学教师职业道德培训手册：师德的定义、养成与评估	9787515340777	32.00
成为顶尖教师的10项修炼（中国教育新闻网2015年度"影响教师的100本书"）	9787515334066	35.00
T. E. T. 教师效能训练：一个已被证明能让所有年龄学生做到最好的培训项目（30周年纪念版）（中国教育新闻网2015年度"影响教师的100本书"）	9787515332284	39.00
教学需要打破常规：全世界最受欢迎的创意教学法（中国教育新闻网2015年度"影响教师的100本书"）	9787515331591	33.00
高效能教师如何带领学生取得优异成绩（中国教育新闻网2015年度"影响教师的100本书"）	9787515328980	39.00
10天卓越教师自我培训（教育家安奈特·布鲁肖顶尖卓越教师培训教材）	9787515329925	29.00
给幼儿教师的100个创意：幼儿园班级设计与管理 / 为幼升小做准备	9787515330310等	58.00
给小学教师的100个创意：发展思维能力	9787515327402	29.00
给中学教师的100个创意： 如何激发学生的天赋和特长 / 杰出的教学 / 快速改善学生课堂表现	9787515330723等	87.90
以学生为中心的翻转教学11法	9787515328386	29.00
如何使教师保持职业激情	9787515305868	29.00
如何培训高效能教师：来自全美权威教师培训项目的建议	9787515324685	32.00
良好教学效果的12试金石：每天都需要专注的事情清单	9787515326283	29.90
让每个学生主动参与学习的37个技巧	9787515320526	28.00
给教师的40堂培训课：教师学习与发展的最佳实操手册	9787515352787	39.90
提高学生学习效率的9种教学方法	9787515310954	27.80
优秀教师的课堂艺术：唤醒快乐积极的教学技能手册	9787515342719	26.00
万人迷老师养成宝典（第2版）（入选《中国教育报》"2010年影响教师的100本书"）	9787515342702	29.00
高效能教师的9个习惯	9787500699316	23.00
好老师可以避免的20个课堂错误（入选《中国教育报》"2010年影响教师的100本书"）	9787500688785	21.50
爱·上课：麻辣教师调教"天下第一班"的教育奇迹（李希贵、窦桂梅推荐）	9787500693383	29.00
课堂教学/课堂管理		
积极课堂：如何更好地解决课堂纪律与学生的冲突	9787515354590	38.00
设计智慧课堂：培养学生一生受用的学习习惯与思维方式	9787515352770	39.00
追求学习结果的88个经典教学设计：轻松打造学生积极参与的互动课堂	9787515353524	39.00
从备课开始的100个课堂活动设计：创造积极课堂环境和学习乐趣的教师工具包	9787515353432	33.80
老师怎么教，学生才能记得住	9787515353067	48.00
多维互动式课堂管理：50个行之有效的方法助你事半功倍	9787515353395	39.80
智能课堂设计清单：帮助教师建立一套规范程序和做事方法	9787515352985	49.90
提升学生小组合作学习的56个策略：让学生变得专注、自信、会学习	9787515352954	29.90
快速处理学生行为问题的52个方法：让学生变得自律、专注、爱学习	9787515352428	39.00
王牌教学法：罗恩·克拉克学校的创意课堂	9787515352145	39.80
让学生快速融入课堂的88个趣味游戏：让上课变得新颖、紧凑、有成效	9787515351889	39.00
★ 如何调动与激励学生：唤醒每个内在学习者（李希贵校长推荐全校教师研读）	9787515350448	39.80

	书名	书号	定价
	合作学习技能35课：培养学生的协作能力和未来竞争力	9787515340524	45.00
	基于课程标准的STEM教学设计：有趣有料有效的STEM跨学科培养教学方案	9787515349879	68.00
	如何设计教学细节：好课堂是设计出来的	9787515349152	39.00
	15秒课堂管理法：让上课变得有料、有趣、有秩序	9787515348490	33.80
	混合式教学：技术工具辅助教学实操手册	9787515347073	39.80
	从备课开始的50个创意教学法	9787515346618	29.00
	中学生实现成绩突破的40个引导方法	9787515345192	33.00
	给小学教师的100个简单的科学实验创意	9787515342481	39.00
	老师如何提问，学生才会思考	9787515341217	33.80
	教师如何提高学生小组合作学习效率	9787515340340	29.00
	卓越教师的200条教学策略	9787515340401	35.00
	中小学生执行力训练手册：教出高效、专注、有自信的学生	9787515335384	33.80
	提高学生学习专注力的8个方法：打造深度学习课堂	9787515333557	35.00
	改善学生学习态度的58个建议	9787515324067	25.00
★	全脑教学：影响全球300万教师的教学指导书（中国教育新闻网2015年度“影响教师的100本书”）	9787515323169	38.00
★	全脑教学与成长型思维教学：提高学生学习力的92个课堂游戏	9787515349466	39.00
★	哈佛大学教育学院思维训练课	9787515325101	36.00
	完美结束一堂课的35个好创意	9787515325163	28.00
	如何更好地教学：优秀教师一定要知道的事（被英国教育界奉为圣经的教学用书）	9787515324609	36.00
	带着目的教与学	9787515323978	28.00
★	美国中小学生社会技能课程与活动（学前阶段/1-3年级/4-6年级/7-12年级）	9787515322537等	153.80
	彻底走出教学误区：开启轻松智能课堂管理的45个方法	9787515322285	28.00
	破解问题学生的行为密码：如何教好焦虑、逆反、孤僻、暴躁、早熟的学生	9787515322292	36.00
★	在普通课堂教出尖子生的20个方法：分层教学	9787515321868	29.90
	13个教学难题解决手册	9787515320502	28.00
★	让学生爱上学习的165个课堂游戏	9787515319032	39.00
	美国学生游戏与素质训练手册：培养孩子合作、自尊、沟通、情商的103种教育游戏	9787515325156	36.00
	老师怎么说，学生才会听	9787515312057	28.00
	快乐教学：如何让学生积极与你互动（入选《中国教育报》“影响教师的100本书”）	9787500696087	29.00
★	老师怎么教，学生才会提问	9787515317410	29.00
★	快速改善课堂纪律的75个方法	9787515313665	28.00
★	教学可以很简单：高效能教师轻松教学7法	9787515314457	39.00
★	好老师应对课堂挑战的25个方法（《给教师的101条建议》作者新书）	9787500699378	25.00
★	好老师激励后进生的21个课堂技巧	9787515311838	23.80
★	开始和结束一堂课的50个好创意	9787515312071	29.80
	好老师因材施教的12个方法（美国著名教师伊莉莎白“好老师”三部曲）	9787500694847	22.00
★	如何打造高效能课堂（美国《学习》杂志“教师必选”奖，“激励教师组织”推荐书目）	9787500680666	29.00

书名	书号	定价
合理有据的教师评价：课堂评估衡量学生进步	9787515330815	29.00
班主任工作/德育		
北京四中8班的教育奇迹	9787515321608	36.00
师德教育培训手册	9787515326627	29.80
中小学教师职业道德培训手册：师德的定义、养成与评估	9787515340777	32.00
好老师征服后进生的14堂课（美国著名教师伊莉莎白“好老师”三部曲）	9787500693819	25.00
优秀班主任的50条建议：师德教育感动读本（《中国教育报》专题推荐）	9787515305752	23.00
学校管理/校长领导力		
学校管理者平衡时间和精力的21个方法	9787515349886	29.90
校长引导中层和教师思考的50个问题	9787515349176	29.00
如何定义、评估和改变学校文化	9787515340371	29.80
从优秀学校到卓越学校：他们的校长在哪些方面做得更好	9787515325637	33.80
优秀校长一定要做的18件事（入选《中国教育报》“2009年影响教师的100本书”）	9787515342733	26.00
构建杰出学校的7个杠杆	9787515324319	39.00
学科教学/教科研		
《〈道德经〉妙解、导读与分享：拨云见日，勘破天地智慧　深入浅出，揭示亘古真理》（诵读版）	9787515351407	49.00
人大附中中考作文取胜之道	9787515345567	39.80
人大附中高考作文取胜之道	9787515320694	33.80
人大附中学生这样学语文：走近经典名著	9787515328959	33.80
四界语文（中国教育报2017年度“教师喜爱的100本书”）	9787515348483	49.00
让小学一年级孩子爱上阅读的40个方法	9787515307589	30.00
让学生爱上数学的48个游戏	9787515326207	26.00
优秀小学语文教师一定要知道的7件事（窦桂梅畅销作品）	9787500674139	23.80
轻松100 课教会孩子阅读英文	9787515338781	88.00
情商教育/心理咨询		
9节课，教你读懂孩子：妙解亲子教育、青春期教育、隔代教育难题	9787515351056	39.80
学生版盖洛普优势识别器（独一无二的优势测量工具）	9787515350387	169.00
与孩子好好说话（获“美国国家育儿出版物（NAPPA）金奖”，沟通圣经）	9787515350370	39.80
中小学心理教师的10项修炼	9787515309347	36.00
别和青春期的孩子较劲（增订版）（入选《中国教育报》“2009年影响教师的100本书”）	9787515343075	28.00
100条让孩子胜出的社交规则	9787515327648	28.00
守护孩子安全一定要知道的17个方法	9787515326405	32.00
幼儿园/学前教育		
幼儿园30个大主题活动精选：让工作更轻松的整合技巧	9787515339627	39.80
美国幼儿教育活动大百科：3-6岁儿童学习与发展指南用书 科学 / 艺术 / 健康与语言 / 社会	9787515324265等	600.00
蒙台梭利早期教育法：3-6岁儿童发展指南（理论版）	9787515322544	29.80

书名	书号	定价
蒙台梭利儿童教育手册：3-6岁儿童发展指南（实践版）	9787515307664	25.00
★ 自由地学习：华德福的幼儿园教育	9787515328300	29.90
赞美你：奥巴马给女儿的信	9787515303222	19.90
史上最接地气的幼儿书单	9787515329185	39.80
教育主张/教育视野		
教出阅读力	9787515352800	39.90
为学生赋能：当学生自己掌控学习时，会发生什么	9787515352848	33.00
如何用设计思维创意教学：风靡全球的创造力培养方法	9787515352367	39.80
如何发现孩子：实践蒙台梭利解放天性的趣味游戏	9787515325750	32.00
如何学习：用更短的时间达到更佳效果和更好成绩	9787515349084	49.00
教师和家长共同培养卓越学生的10个策略	9787515331355	27.00
★ 如何阅读：一个已被证实的低投入高回报的学习方法	9787515346847	39.00
★ 芬兰教育全球第一的秘密（珍藏版）（《中国教育报》等主流媒体专题推荐，台湾教育类畅销书榜第一名）	9787515342610	28.00
世界最好的教育给父母和教师的45堂必修课（《芬兰教育全球第一的秘密》2）	9787515342696	28.00
★ 杰出青少年的7个习惯（精英版）（中小学图书馆推荐书目、中国青少年必读书目）	9787515342672	39.00
杰出青少年的7个习惯（成长版）	9787515335155	29.00
★ 杰出青少年的6个决定（领袖版）（中小学图书馆推荐书目、中国青少年必读书目、全国优秀出版物奖）	9787515342658	28.00
★ 7个习惯教出优秀学生（第2版）（全球第一畅销书《高效能人士的七个习惯》教师版）	9787515342573	29.00
学习的科学：如何学习得更好更快（入选2016年中国教育网2016年度"影响教师的100本书"）	9787515341767	39.80
杰出青少年构建内心世界的5个坐标（中国青少年成长公开课）	9787515314952	59.00
★ 跳出教育的盒子（第2版）（美国中小学教学经典畅销书）	9787515344676	35.00
夏烈教授给高中生的19场讲座（入选《中国教育报》"2013年最受教师欢迎的100本书"）	9787515318813	29.90
★ 学习之道：美国公认经典学习书	9787515342641	39.00
★ 翻转学习：如何更好地实践翻转课堂与慕课教学（中国教育新闻网2015年度"影响教师的100本书"）	9787515334837	32.00
★ 翻转课堂与慕课教学：一场正在到来的教育变革	9787515328232	26.00
翻转课堂与混合式教学：互联网+时代，教育变革的最佳解决方案	9787515349022	29.80
翻转课堂与深度学习：人工智能时代，以学生为中心的智慧教学	9787515351582	29.80
★ 奇迹学校：震撼美国教育界的教学传奇（中国教育新闻网2015年度"影响教师的100本书"）	9787515327044	36.00
★ 学校是一段旅程：华德福教师1-8年级教学手记	9787515327945	32.00
★ 高效能人士的七个习惯（30周年纪念版）（全球畅销书）	9787515350585	79.00